Kleine Schriften – Rechtswissenschaft
Short Cuts – Law

Band | Volume 2

Marco Mansdörfer

Vorsatz und Entscheidung

Überlegungen zur subjektiven Zurechnung
im Wirtschaftsstrafrecht

Onlineversion
Nomos eLibrary

Die Deutsche Nationalbibliothek verzeichnet diese Publikation in der Deutschen Nationalbibliografie; detaillierte bibliografische Daten sind im Internet über http://dnb.d-nb.de abrufbar.

ISBN 978-3-7560-0746-2 (Print)
ISBN 978-3-7489-1904-9 (ePDF)

1. Auflage 2024
© Nomos Verlagsgesellschaft, Baden-Baden 2024. Gesamtverantwortung für Druck und Herstellung bei der Nomos Verlagsgesellschaft mbH & Co. KG. Alle Rechte, auch die des Nachdrucks von Auszügen, der fotomechanischen Wiedergabe und der Übersetzung, vorbehalten. Gedruckt auf alterungsbeständigem Papier.

Joseph Peter
geb. 20. September 2017

Vorwort

„Actus reus non facit reum nisi mens sit rea" – frei übersetzt: „Eine Tat wird nur durch den Vorsatz zur Straftat" – ist einer der zentralen Rechtsgrundsätze der Straftatlehre im anglo-amerikanischen Common Law.[1] Man kann in diesem Satz die einfache Feststellung sehen, dass der objektiven äußeren Seite einer Straftat eine subjektive innere Tatseite korrespondiert. Er enthält aber auch die für das Common Law wie für das Continental Law gleichermaßen bedeutsame Mahnung, dass objektive und subjektive Tatseite als konstituierende Elemente für eine Straftat gleichermaßen bedeutsam sind.

So einleuchtend das abstrakt sein mag, so schwierig ist der Umgang mit dieser Erkenntnis im Konkreten:

Eine erste Einsicht besteht vielleicht darin, dass die Tat zwei zunächst getrennte Seiten hat. Tatsächlich besteht schon hierüber keineswegs Einigkeit und hinreichende Übersicht: Meinen früheren Überlegungen „Zur Theorie des Wirtschaftsstrafrechts" wurde (anachronistisch verzerrt[2]) als Kritik entgegen gehalten, bei der Ausbildung der zentralen Verhaltensnormen wesentliche Erkenntnisse

---

1 Siehe nur Fowler v. Padget (1798) 7 TR 509 (101 ER 1103).
2 Zutreffend ist insoweit, dass die Behavioral Economics in den Jahren 2004 und 2005 von mir noch sehr vorsichtig einbezogen wurde, weil mir als Außenstehendem die Diskussion innerhalb der Psychologie und Wirtschaftswissenschaften noch zu virulent war (vgl. etwa

Vorwort

der Verhaltensökonomik (Behavioral Economics) nicht berücksichtigt zu haben.[3] Derselbe Vorwurf wird gegenüber der Rechtsprechung erhoben.[4] Das beruhigt und beunruhigt zugleich: Sollte hier tatsächlich ein Fehler gemacht worden sein, so würde ich mich in bester Gesellschaft befinden. Fehler der Wissenschaft sind dabei lediglich Fehler auf Papier; Fehler der Rechtsprechung berühren aber Existenzen. Letzteres ist beunruhigend. Geschieht hier wirklich Unrecht?

Eine zweite Einsicht besteht darin, dass der actus reus als objektive Tatseite im Ansatz wirklich objektiv formuliert werden kann. Auf psychologische Befindlichkeiten des Normadressaten ist an dieser Stelle nur am Rande Rücksicht zu nehmen. Es wäre etwa ein Ding der Unmöglichkeit, dem Normadressaten Spekulationen über psychische Befindlichkeiten z. B. von Anlegern im Kapitalmarkt zuzumuten.[5] Normen, die das Wirtschaftsleben betreffen, müssen (!) an

---

Gigerenzer, Risiko, 1. Aufl. 2020, S. 147). Meine Kritiker schrieben dagegen aus einer zehn Jahre fortgeschrittenen Perspektive.

3 *Tiedemann*, Wirtschaftsstrafrecht, 5. Aufl. 2017, Rn. 182: „neuere Entwicklung der Wirtschaftswissenschaften bleibt ausgeblendet"; *Wohlers*, GA 2012, 330 (333) räumt dagegen ein, dass mit der Arbeit ein „Gegenmodell zu überindividualistischen Konzeptionen des Wirtschaftsstrafrechts entworfen wurde und hat angeregt, „noch einen Schritt weiter zu gehen, und sich auf die Vertreter der (...) Behavioral Economics" einzulassen.

4 *Tiedemann*, Wirtschaftsstrafrecht, 5. Aufl. 2017, Rn. 45: „ohne die neuere Entwicklung der Wirtschaftswissenschaft zu berücksichtigen".

5 Zu feststellbaren Irrationalitäten an Beispielen des Insiderhandels und des Verbots der Kursmanipulation etwa *Wohlers* ZStW 125 (2014), 443 (466 ff.).

dieser Stelle also doch an dem im Ausgangspunkt objektiv rationalen Modell des homo oeconomicus entwickelt werden.[6] Psychologisierende Momente an dieser Stelle zur Vereinfachung auszublenden oder zumindest zu vernachlässigen, ist kein Defizit. Es ist richtig, die objektive Tatseite und ihre objektiven Verhaltensnormen primär an den Maßstäben rationaler Agenten auszurichten und die Komplexität des Systems an dieser Stelle zu reduzieren. Auch in meinen neueren Forschungen zur Subventionskriminalität[7] haben mein Lehrstuhlteam und ich uns daher in erster Linie auf Verbesserungsvorschläge hinsichtlich der Ausgestaltung der objektiven Tatseite konzentriert.

Eine weitere, dritte Einsicht des „actus reus non facit reum"-Satzes besteht allfällig in einer Mahnung zum Tatnachweis. So schwierig und wichtig im Strafverfahren der Nachweis des objektiven Tatbestandes ist, so wichtig ist bei allen weiteren Schwierigkeiten der Nachweis des subjektiven Tatbestandes. An dieser Stelle hat die oben genannte Kritik ihren berechtigten Platz. Dort, wo uns die Psychologie valide Erkenntnisse liefert, dürfen diese gerade dann nicht übergangen werden, wenn man der subjektiven Tatseite zumindest auch ein psychologisches Moment zuschreibt.[8] Speziell das Werk von *Daniel Kahnemann* wird daher im Folgenden eine wichtige Rolle spie-

---

6 *Vogel*, in: FS-Jakobs, S. 731 (735 ff.).
7 *Mansdörfer/Kleemann/Ziegler*, Subventionskriminalität in Deutschland, 2016, S. 153 ff.
8 Kritisch insoweit mit ausführlicher Darstellung der rechtstheoretischen Diskussion etwa *Maurer*, Das voluntative Element des Vorsatzes als Beweisthema vor Gericht, 2007, S. 23 ff.

Vorwort

len. Der Lauf der Zeit hat es gewollt, dass *Kahnemann* neun Jahre nach dem Erhalt des Nobelpreises wichtige Erkenntnisse aus seinen Forschungen in seiner Monographie „Thinking, Fast and Slow (2011)" publiziert hat. Das heißt freilich nicht, dass andere Vertreter dieser Forschungsrichtung[9] oder Herausforderer von *Kahnemann* – wie z.B. *Gerd Gigerenzer*[10] – keine Berücksichtigung finden sollen.

Das alles waren gute Gründe, rund 15 Jahre nach Abschluss meiner wesentlichen Überlegungen „Zur Theorie des Wirtschaftsstrafrechts" ergänzende Gedanken zur praktisch subjektiven Tatseite im Wirtschaftsstrafrecht vorzustellen.

Gerade weil es im Alltag viel zu kurz kommt, möchte ich an dieser Stelle Herrn Heinz Koriath besonders erwähnen. Mit ihm als Kollegen durfte ich viele fruchtbare Diskussionen führen. Nicht zuletzt hat er mir die Ankunft an der Universität in Saabrücken leicht gemacht, mich in allen Vorhaben unterstützt und mir oft den Rücken frei gehalten. Es war immer eine Freude, mit ihm zusammen zu arbeiten und zu forschen. Herzlichen Dank.

Mein Dank für die Unterstützung bei dieser Arbeit gilt außerdem meinem gesamten Lehrstuhl-Team und insbesondere meiner multifunktionalen Sekretärin Manuela Kretschmann, genannt „Käpsele".

---

9 Z.B. *Thaler/Sunstein*, Nudge, 2008.
10 Siehe etwa *Gigerenzer*, Risiko, 1. Aufl. 2020.

Inhaltsverzeichnis

Kapitel 1: Vorsatz und Entscheiden 17

I. Wissen und Wollen als Kernelemente der
   abendländischen Zurechnungslehre 17
II. Wissen und Wollen im Lichte
    kognitionspsychologischer Erkenntnisse 21
III. Kategorisierung von vier grundlegenden
    Entscheidungsszenarien 25
   1. Unterkomplexe Handlungssituationen 25
   2. Komplexe drängende
      Handlungssituationen 26
   3. Komplexe aber nicht drängende
      Handlungssituationen 27
   4. Überkomplexe Situationen 28

Kapitel 2: Vorsatz als Entscheidung gegen das
   rechtlich geschützte Interesse, das
   Koinzidenzprinzip und Präzisionsfragen 31

I. Grundprämisse: Die „Entscheidung" als
   zentrales Element der Vorsatzdogmatik 31
II. Koinzidenzprinzip und Tathorizont 32
III. Nachfolgende Entwicklungen 33

Inhaltsverzeichnis

IV. Durchbrechungen des Koinzidenzprinzips im
 Sinne eines „dolus liberus in causa"? 35
 1. Eingrenzung der Diskussion, Abgrenzung
  zum dolus antecedens und zur Problematik
  eines vagen Vorsatzkontinuums 36
 2. Dolus liberus in causa als notwendige
  Normativierung? 38

Kapitel 3: „Richtiges Entscheiden" als vorsatzloses
 Handeln 43

I. Richtiges Entscheiden 1: Entscheiden nach
 vorgegebenen Algorithmen und Prozeduren 45
 1. Bankenrechtliche Vorgaben bei der Vergabe
  von Großkrediten als Beispiel eines
  gesetzlichen Entscheidungsalgorithmus 45
 2. Die Entscheidung nach Maßgabe und in
  Abstimmung mit einer zuständigen Stelle
  als Prozeduralisierung der Rechtsfindung 48
 3. Höchstrichterlich entwickelte
  Entscheidungsalgorithmen und Prozeduren 51

II. Richtiges Entscheiden 2: Entscheidungen in
 Form „optimaler Entscheidungen" 52

III. Richtiges Entscheiden 3: Normativ zulässige
 suboptimale Entscheidungen 54
 1. Die strukturelle Gefahr der
  Vorsatzunterstellung bei suboptimalen
  Entscheidungen unter Unsicherheit 55
 2. Einsichten der Risikopsychologie 56

	3. Konsequenzen für die normative Behandlung von Entscheidungsprozessen	58
IV.	Strafrechtliche Folgen normativ zulässiger Entscheidungen	59
	1. Ausschluss des Vorsatzes bei Entscheidungen für das rechtlich geschützte Interesse	60
	2. Vorsatz als praktisches Nachweisproblem und Feld aktiver Strafverteidigung	61
	3. Insbesondere: Rechtsrat	63
	a) Handeln nach Rechtsrat als richtige Entscheidung	63
	b) Zur dogmatischen Behandlung irriger (Rechts)Entscheidungen	65

Kapitel 4: Vorsatz und „nicht richtige Entscheidungen" – auf dem Weg zu einer komplexen subjektiven Zurechnungslehre ... 69

I.	Traditionelle Ansätze in der höchstrichterlichen Rechtsprechung	69
II.	Zu einer wirtschaftsstrafrechtlichen subjektiven Zurechnungslehre	71
	1. Keine Leitbildfunktion der Rechtsprechung zu den Tötungsdelikten	72
	a) Prinzipielle Unterschiede zu wirtschaftsstrafrechtlichen Handlungssituationen	73

Inhaltsverzeichnis

    b) Exkurs: Bedeutung der Differenzierung
     für das Strafverfahren   73
    c) Zwischenfazit   77
  2. Kein Schluss vom objektiven auf den
    subjektiven Tatbestand   79

III. Systematisierung der Beweisanzeichen
  im Sinne einer nach Gefahrschaffung
  und Gefahrenrealisierung differenzierenden
  subjektiven Zurechnung   80
  1. Beweisanzeichen für/gegen das Für-
    Möglich-Halten und Billigen einer
    Risikoschaffung   81
    a) Geplante Entscheidung gegen
     das rechtlich geschützte Interesse,
     Planungsfehlschlüsse und optimistische
     Verzerrungen   82
    b) Expertengutachten und Checklisten   87
    c) Verlustaversionen und Verharren beim
     status quo   89
    d) Risikostrategien   90
    e) Transparenz und Verfahren   91
    f) Compliancesysteme   92
  2. Beweisanzeichen für/gegen das Für-
    Möglich-Halten und Billigen einer
    Risikorealisierung   94
    a) Handeln nach Heuristiken und
     Intuition   94

       b) Risikomanagement, Emotionalität, Kontrollillusionen und Übergewichtung geringer Wahrscheinlichkeiten   96
       c) Arbeitsteilung und Ressortzuständigkeiten   100
       d) Dazwischentreten Dritter und Zeitraum zwischen Risikoschaffung und Risikorealisierung   100
       e) Unterbrechung des Pflichtwidrigkeitszusammenhangs   101

Kapitel 5: Die „unterbliebene" und die „vermiedene" Entscheidung   105

Kapitel 6: Compliance und andere Anstöße (nudges) zur richtigen Entscheidung   109

I. Compliance: Wunderwerkzeug oder fauler Zauber?   109

II. Die Wirkweise von Complianceystemen bei der Entscheidungsfindung und -umsetzung in Unternehmen   111
   1. Compliancesysteme unter dem Blickwinkel der Verhaltensökonomik   111
   2. Compliancesysteme und Unternehmenskultur   114
   3. Die Wirkung von Compliancesystemen bei Einzelentscheidungen   115
   4. Compliance als Gegenstand neuerer Gesetzgebung   116

Inhaltsverzeichnis

Kapitel 7: Resumee   117

Literaturverzeichnis   123

Register   129

Kapitel 1: Vorsatz und Entscheiden

I. Wissen und Wollen als Kernelemente der abendländischen Zurechnungslehre

Eine Diskussion um den Vorsatz knüpft unwillkürlich an Grundfesten unseres personalen Selbstverständnisses an. Bereits die vereinfachte Formel, Vorsatz sei das Wissen und Wollen der Tatumstände,[11] verknüpft zwei unterschiedliche Stränge der abendländischen Zurechnungslehre.

Diese Zurechnungslehre war die ersten eineinhalb Jahrtausende geprägt von *Aristotelis*chen Grundideen. Nach *Aristoteles* wurden bestraft „die, welche Böses tun, soweit es nicht aus Zwang oder unverschuldeter Unwissenheit geschehen ist"[12]. Von diesem Ausgangspunkt ist es nicht schwer, das Wissen um das Handeln und seine Folgen zur zentralen Voraussetzung subjektiver Zurechnung zu machen. Auch die heutigen §§ 15 und 16 StGB benennen im Wortlaut nur die „Kenntnis der Tatumstände" als wesentliches Zurechnungserfordernis.

Im Wirtschaftsleben, in dem Entscheidungen in der Regel im Bewusstsein der bestehenden Risiken getroffen werden, beinhaltet das kognitive Element kaum Eingren-

---

11 Beispielhaft bereits RGSt 51, 305 (311).
12 *Aristoteles* NE III 7, 1113b Ende.

Kapitel 1: Vorsatz und Entscheiden

zungspotential: Nach Anhängern der Wahrscheinlichkeitstheorie muss der Erfolg mehr als bloß möglich, aber auch weniger als überwiegend wahrscheinlich sein.[13] Im Wirtschaftsstrafrecht würde das eine Begrenzung des maximalen Misserfolgsrisikos auf 50% bedeuten. Noch deutlich unter 50%, wohl schon bei 1%, läge die verbotene Risikoschaffung nach der Risikotheorie von *Frisch*, wenn das Risiko nur „konkret" ist.[14] Andere Vertreter kognitiver Ansätze räumen ein, dass auf der Basis der Möglichkeitstheorie Vorsatz und bewusste Fahrlässigkeit im Wesentlichen gleichzusetzen sind.[15]

Das Wollenselement des Vorsatzes ist damit – speziell im Wirtschaftsstrafrecht – unentbehrlich. In die subjektive Zurechnungslehre eingeführt wurde es im 13. Jahrhundert durch *Thomas von Aquin*[16]. Nach *Thomas von Aquin* war eine Handlung abhängig von dem die Zwecksetzung und -verwirklichung kalkulierenden Willen. Normativ waren Handlungen zunächst in Bezug auf den Endzweck zu beurteilen.[17] Das entspricht heute der durchaus herrschenden Meinung, soweit diese die Absicht als sog. dolus directus I. Grades noch vor dem Wissen als „stärkste" Form des

---

13 *Koriath*, Grundlagen strafrechtlicher Zurechnung, 1994, S. 168.
14 *Frisch*, Vorsatz und Risiko, 1983, S. 159.
15 Beispielhaft *Zielinski*, Handlungs- und Erfolgsunwert im Unrechtsbegriff, 1973, S. 168.
16 *Gläser*, Zurechnung bei Thomas von Aquin, 2005.
17 *Thomas von Aquin*, ST I/II, 18.

Vorsatzes behandelt[18] und soweit aus Handlungsmotiven Indizienschlüsse gezogen werden[19].

Das genaue Verhältnis von Wissen und Wollen ist bis heute unklar. Die Definition von Vorsatz als Wissen und Wollen spricht für eine Vereinigung beider Elemente. *Jakobs* formuliert Vorsatz in einer jüngeren intensiven Analyse konsequent als „präsent orientiertes Wollen".[20] Die Minimalform dieses orientierten Wollens ist gemeinhin der sog. dolus eventualis.

Die Rechtsprechung zum voluntativen Element beim dolus eventualis war in der Vergangenheit schwankend: Im Jahr 1955 hatte der Bundesgerichtshof im Lederriemen-Fall das psychisch-voluntative Billigen durch ein stark normativiertes „Billigen im Rechtssinne" ersetzt. Gut 30 Jahre später, etwa ab Ende der 1980er Jahre, wurde das Willenselement wieder verstärkt psychisch verstanden.[21]

Eine spezielle Behandlung wirtschaftsstrafrechtlicher Sachverhalte deuten verschiedene Entscheidungen zu Beginn des neuen Jahrtausends an: Der 5. Strafsenat hat 2003 angemerkt, im Wirtschaftsstrafrecht würden häufig „komplexe und mehrdeutige Strukturen" vorliegen.[22] Bereits drei Jahre zuvor hatte der 1. Senat bei einer Entscheidung zur Untreue durch Kreditbewilligungen betont,

---

18 Stellvertretend *Joecks/Kulhanek*, in: MüKoStGB, 4. Aufl. 2020, § 16 Rn. 22.
19 Siehe etwa BGH NStZ 2000, 655 (656).
20 *Jakobs*, RW 2010, 283 (286).
21 Explizit etwa *Joecks/Kulhanek*, in: MüKoStGB, 4. Aufl. 2020, § 16 Rn. 53; *Puppe*, in: NK-StGB, 6. Aufl. 2023, § 15 Rn. 32.
22 BGH NJW 2004, 375 (379).

Kapitel 1: Vorsatz und Entscheiden

> „Umschreibungen, die weitgehend für den Bereich der Tötungsdelikte entwickelt worden sind, (können) nicht formelhaft auf Fälle offener, mehrdeutiger Geschehen angewendet werden".[23]

Es komme

> „immer auf die Umstände des Einzelfalls an, bei denen insbesondere die Motive und die Interessenlage des Angeklagten zu beachten"[24]

seien.

Nahezu berühmt ist inzwischen die Diskussion innerhalb des Bundesgerichtshofs um den Gegenstand des Vorsatzes bei Untreue: Hier war der 2. Senat der Auffassung, der bedingte Vorsatz eines Gefährdungsschadens setzte nicht nur Kenntnis des Täters von der konkreten Möglichkeit eines Schadenseintritts und das Inkaufnehmen dieser konkreten Gefahr voraus, sondern darüber hinaus eine Billigung der Realisierung dieser Gefahr.[25] Der 1. Senat war demgegenüber – jedenfalls bei der ungetreuen Kreditvergabe bei Banken – der Auffassung, das Wissens- und das Billigungselement des bedingten Vorsatzes müssten sich nur auf die schadensgleiche Vermögens*gefährdung* beziehen.[26] Nachdem die Rechtsprechung des Bundesverfassungsgerichts[27] ein Verständnis der Vermögensgefähr-

---

23 BGH NStZ 2000, 655 (656).
24 Insoweit weiter BGH NStZ 2000, 655 (656).
25 BGH Urt. v. 18.10.2006 – 2 StR 499/05 (Rz. 63).
26 BGHSt 47, 148 (Rz. 77).
27 BVerfG Beschl. v. 10.3.2009 – 2 BvR 1980/07.

dung als Vermögensschaden nahe gelegt hat, hat sich die Diskussion nivelliert. Vorausgesetzt wird seither, dass nach wirtschaftlicher Betrachtungsweise bereits eine Verschlechterung der gegenwärtigen Vermögenslage vorliegt. Vorsatz setzt demnach voraus, dass im Anschluss an das tatbestandsmäßige Verhalten unmittelbare Vermögenseinbußen beim Opfer für möglich gehalten und gebilligt werden.

II. Wissen und Wollen im Lichte kognitionspsychologischer Erkenntnisse

Nimmt man die neueren Ansätze in der Rechtsprechung zum Vorsatz im Wirtschaftsstrafrecht ernst und nimmt man die Herausforderung an, dass die objektiven Geschehnisse in der Tat oft mehrdeutig sind, müssen die wirklich subjektiven, persönlichen Entscheidungsvorgänge in Strafrechtstheorie und Praxis deutlich stärker an Bedeutung gewinnen als bisher.

Der Kognitionspsychologie sind in den letzten Jahren erhebliche Fortschritte gelungen, die Funktionsmechanismen des menschlichen Denkens zu verstehen und persönliche Entscheidungsprozesse zu erklären. Im Grundansatz geht die Wissenschaft davon aus, dass sich im Laufe der menschlichen Evolution in unserem Bewusstsein ein System hochdifferenzierter Aufmerksamkeitszuweisung ent-

Kapitel 1: Vorsatz und Entscheiden

wickelt hat.[28] *Kahnemann* und andere[29] unterscheiden dazu zwischen zwei unterschiedlichen „Systemen", die unser Denken und Entscheiden prägen:

„System 1" ermöglicht schnelle Entscheidungen und ist einflussreicher, als es das subjektive Erleben widerspiegelt. Es bedient sich der Intuition, die ihrerseits auf Sachkunde und/oder heuristischem Denken beruhen kann, und vollkommen automatisierten Wahrnehmungs- und Gedächtnisprozessen.[30] Intuition galt lange Zeit als sicherste Form der Erkenntnis.[31] Zu System 1 gehört im Sinne eines automatisierten Gedächtnisprozesses auch die strafrechtliche Figur des „Mitbewusstseins".

> Beispiel: Vorsatz in Bezug auf das Beisichführen einer Waffe besteht danach im Lehrbeispiel des stehlenden Polizeibeamten selbst dann, wenn er im Zeitpunkt des Diebstahls nicht positiv an die in seinem Gürtel steckende Dienstpistole denkt.

Die Einordnung als automatisierter Gedächtnisprozess spiegelt letztlich im Rahmen der subjektiven Tatseite das wider, was im Rahmen der objektiven Tatseite als „au-

---

28 *Kahnemann*, Schnelles Denken, langsames Denken, 1. Aufl. 2017, S. 22, 50.
29 Hierzu kritisch etwa *Gigerenzer*, Risiko, 1. Aufl. 2020, S. 145 f.
30 *Kahnemann*, Schnelles Denken, langsames Denken, 1. Aufl. 2017, S. 25
31 Zur (guten) Qualität intuitiver Entscheidungen etwa *Gigerenzer*, Risiko, 1. Aufl. 2020, S. 144 ff.

II. Kognitionspsychologische Erkenntnisse

tomatisierte Handlung"[32] ebenfalls als strafrechtsrelevant anerkannt ist. Es liegt sogar nahe, dass ein weiter Bereich der sog. bewussten Fahrlässigkeit und des Eventualvorsatzes von diesen automatisierten und jederzeit aktualisierbaren Gedächtnisprozessen geprägt sind. „System 1" ist zudem der Hort der Emotionen, indem er unsere Entscheidungen über sog. Affektheuristiken beeinflusst und Rationalität zurückstellt.[33] Nachgewiesene Schwächen von System 1 liegen in dem Umgang mit Regeln, statistischen Aussagen und in kognitiven Verzerrungen wie z.B. Verlustaversionen.[34]

„System 2" ist ganz anders: Es ist langsam, erfordert bewusste und anstrengende mentale Aktivitäten und vermittelt damit ein viel stärkeres subjektives Erlebnis von Handlungsmacht.[35] „System 2" erscheint uns als das bewusst und logisch denkende Selbst. Es meint, im Zentrum des Geschehens zu stehen, und baut aber wesentlich auf die von „System 1" gelieferten Parameter auf. Nachgewiesene Schwächen liegen darin, dass „System 2" defizitär wird, wenn es in seiner Aufmerksamkeit auf eine bestimmte

---

32 *Fischer*, StGB, 70. Aufl. 2023, vor § 13 Rn. 4 beschreibt „automatisierte Verhaltensweisen" als Spontanreaktionen, die auf erlernten Aktions- und Reaktionsschemata beruhen und keine gedanklichen Aufmerksamkeiten und bewusste Entscheidungsprozesse erfordern.
33 *Kahnemann*, Schnelles Denken, langsames Denken, 1. Aufl. 2017, S. 24, 67.
34 *Kahnemann*, Schnelles Denken, langsames Denken, 1. Aufl. 2017, S. 15, 21 f., 34, 51.
35 *Kahnemann*, Schnelles Denken, langsames Denken, 1. Aufl. 2017, S. 33.

Kapitel 1: Vorsatz und Entscheiden

Aufgabe gestört wird. Es ist beschränkt und zu starke Konzentration kann dazu führen, dass andere wichtige Stimuli nicht wahrgenommen werden.[36]

Das starke Erlebnis von Handlungsmacht könnte dazu verleiten, „System 2" mit dem voluntativen Element der strafrechtlichen Vorsatzlehre gleichzusetzen. Das wäre aber ein Trugschluss – und ebenso falsch, als wollte man „System 1" mit dem Wissenselement der Vorsatzlehre gleichsetzen. Beim Vorsatz geht es um das Erkennen und Billigen der Umstände einer Handlung und ihrer plausiblen Folgen. „System 1" und „System 2" bilden dafür nur den psychologischen Hintergrund. Im Grunde handelt es sich um die tatsächliche subjektive Basis von Entscheidungen bzw. dem personalen Substrat des strafrechtlichen Vorsatzes, dem sich die Strafverfolgungsbehörden in der Praxis beim Nachweis vorsätzlichen Handelns an sich widmen müssten. Strafrechtliches Wissen und Wollen im normativen Sinn ergeben sich daraus erst in einem zweiten Schritt.

Die rechtliche Behandlung von Heuristiken und automatisierten Wahrnehmungsprozessen wird in der Strafrechtspraxis derzeit noch wenig thematisiert. Auf der Hand liegt etwa die Frage, ob und wann in solchen Situationen möglicherweise eine Ausnahme vom sog. Koinzidenzerfordernis zwischen Vorsatz und Handlung gemacht werden sollte. Umgekehrt könnten Strafrechtspraxis und Gesetzgebung solche Entscheidungsprozesse prä-

---

36 *Kahnemann*, Schnelles Denken, langsames Denken, 1. Aufl. 2017, S. 36.

ziser steuern, wenn sie – vielleicht begrenzt auf geeignete Bereiche – normativ ein stärker rationalisiertes Entscheidungsprogramm einfordern und somit Einfluss auf die soeben dargestellten entscheidungsbildenden Faktoren nehmen würde.

III. Kategorisierung von vier grundlegenden Entscheidungsszenarien

Die grundlegende Unterscheidung zwischen zwei handlungsleitenden Kognitions- und Denksystemen hat weitreichende Konsequenzen für die rechtliche Beurteilung der einzelnen individuellen Verhaltensweisen. Im Grunde lassen sich vier, im Einzelnen unterschiedliche Handlungssituationen unterscheiden:

1. Unterkomplexe Handlungssituationen

Die Handlungssituationen, in denen die strafrechtliche Vorsatzlehre historisch entwickelt wurde, zeichnen sich dadurch aus, dass einfache Sachverhalte dargestellt und diskutiert werden. Entsprechend einfach sind solche Tatsituationen regelmäßig zu begreifen und zu bewerten. Ohne spezielle Hinweise auf Abweichungen vom Regelfall besteht daher regelmäßig kaum ein Grund, aufwändige Feststellungen zum Erkennen der Handlungssituation und der Billigung naheliegender Handlungsfolgen durch die handelnde Person zu treffen.

Beispiel: Die Situation, in der A mit einem Messer auf den Brustkorb des B einsticht, ist leicht spontan als sichere Verletzung des B mit einem möglicherweise tödlichen Ausgang zu erkennen. Entsprechend eindeutig sind Situationen, in denen A an B gegen dessen Willen sexuelle Handlungen vornimmt oder in denen A dem B die Geldbörse entwendet, zu beurteilen.

2. Komplexe drängende Handlungssituationen

Wenn situationsbedingt schnelle Entscheidungsfindungen und Reaktionen gefordert sind, müssen normativ die Anforderungen an Verhaltensweisen auf die vorhandenen Reaktionspotentiale angepasst werden. Strukturelle Defizite situationsbedingten Verhaltens sind dort auch dann anzuerkennen, wenn eine einzelne Verhaltensweise im Nachhinein als irrational oder „falsch" eingeordnet wird. Heuristisch geprägte Handlungsmotivationen sind hier in einem erhöhten Maße plausibel. Um gleichwohl rechtssicher feststellen zu können, ob auch Gefahren für rechtlich geschützte Interessen erkannt und gebilligt wurden, werden regelmäßig vertiefte Feststellungen erforderlich sein.

Vorsätzlich strafbares Entscheiden kann in diesen Situationen dann plausibel vorliegen, wenn gelernte und quasi halbautomatisierte deviante Verhaltensweisen abgerufen werden.

Beispiel: Die Unternehmensleitung bestreitet im Rahmen einer Kapitalmarktinformation spontan und wahrheitswidrig an sich berechtigte Vorwürfe.

III. Kategorisierung von vier grundlegenden Entscheidungsszenarien

Der Einsatz der (vorsätzlichen) Lüge als Schutzmechanismus kann sogar Teil einer normativ defizitären Unternehmenskultur sein. Auf der anderen Seite kann spontanes Handeln darauf hindeuten, dass tragische Konsequenzen eines Handelns gerade nicht reflektiert werden.[37]

3. Komplexe aber nicht drängende Handlungssituationen

Verändert man die Parameter der zuvor dargestellten Handlungssituation dahin, dass die handelnde Person erheblich mehr Zeit zur Entscheidungsfindung hat, bleibt Raum für eine bei weitem rationalere Durchdringung der Entscheidungssituation.

Beispiel: Die Entscheidung zur Gewähr einer Immobilienfinanzierung an eine junge Familie ist grundsätzlich von komplexen Faktoren abhängig, wie z.B. der Höhe des Kredits, dem Wert der Immobilie, der Höhe des Eigenkapitals oder der Kapitaldienstfähigkeit des Kreditnehmers. Trotz der verschiedenen Faktoren wird aber regelmäßig das Kreditrisiko berechenbar und die Kreditvergabe plausibel darzustellen sein. Tatsächlich sind die Entscheidungsroutinen regelmäßig sogar in erheblichem Umfang standardisiert.

---

[37] Zur Billigung einer tödlichen Verhaltensfolge bei spontanem Handeln *Momsen*, KriPoZ 2018, 76 (83).

Kapitel 1: Vorsatz und Entscheiden

4. Überkomplexe Situationen

Eine letzte Grundkonstellation bilden Handlungssituationen, in denen insgesamt hoch komplexe, von vielen Einzelfaktoren abhängige Entscheidungen zu treffen sind. Die Komplexität von Entscheidungen kann selbst bei hinreichender Zeit zur Entscheidungsfindung im Ergebnis heuristisch geleitete Entscheidungsfindungen begünstigen. Heuristik ist in diesen Situationen ein Mittel der Komplexitätsreduktion, sodass bei einer nachfolgenden rechtlichen Beurteilung der entsprechenden Handlungssituation eine vertiefte Auseinandersetzung mit der konkreten Handlungsmotivation notwendig ist.

> Beispiel: Die Investition in eine Mittelstandsanleihe im Rahmen einer Kapitalanlage kann im Einzelfall eine äußerst komplexe Entscheidung erfordern. Ungewissheiten bestehen bereits bei der Beurteilung des Ist-Zustandes eines Unternehmens; die Ungewissheit potenziert sich, wenn darüber hinaus Prognosen hinsichtlich der künftigen Entwicklung des Unternehmens zu treffen sind. Die Risiken freilich sind in die wirtschaftliche Entscheidung insoweit „eingepreist", als die Investition entsprechend höher verzinst wird.

In derart komplexen Situationen kann selbst der gebilligte Schaden Teil einer im größeren Zusammenhang erwarteten positiven Entwicklung sein.

> Beispiel: Die Billigung des Verlustes bei einer Anlage kann Teil eines Investments-Konzepts sein, wenn das

III. Kategorisierung von vier grundlegenden Entscheidungsszenarien

Investment erst durch die Streuung von Risiken in der Summe Erträge bringen soll.

Die wirtschaftliche Handlungsfreiheit legt es nahe, diese tatsächlichen komplexen Prozesse rechtlich in ihrer gesamten Dimension zu betrachten. Entscheidende Weichen für eine zutreffende Würdigung des Gesamtgeschehens im Prozess stellt oft schon die Anklage durch die Art und Weise der Beschreibung des tatrelevanten Geschehens und des Tathorizonts des Beschuldigten. Die adäquate tatrichterliche Beurteilung der subjektiven Tatseite beginnt dann im Grunde bei der Entscheidung über die Zulassung der Anklageschrift.

Kapitel 2: Vorsatz als Entscheidung gegen das rechtlich geschützte Interesse, das Koinzidenzprinzip und Präzisionsfragen

I. Grundprämisse: Die „Entscheidung" als zentrales Element der Vorsatzdogmatik

Aus dem „Wissen und Wollen der Tatumstände" lässt sich als *Vorsatztest* die Frage entwickeln, ob sich der Täter „mit der Vornahme der tatbestandlich missbilligten Handlung *gegen* das rechtlich geschützte Interesse entscheidet". Das ist weder neu noch spektakulär.[38] Die „Entscheidung" ist im Weiteren dennoch zentral und wird daher in dieser Monographie auch als tatsächliches Phänomen, d.h. in ihrer natürlichen Erscheinungsform, ernst

---

38 Das kann in der Diskussion beinahe als allgemeine Auffassung gelten, vgl. etwa die Formulierung „Entscheidung für die Rechtsgutsverletzung" bei *Roxin*, Strafrechtliche Grundlagenprobleme, 1973, S. 224; „Entscheidung gegen das Rechtsgut" bei *Frisch*, Vorsatz und Risiko, 1983, S. 482; „explizite Negation des von einer Strafrechtsnorm geschützten Zustands" bei *Schroth*, Vorsatz und Irrtum, 1998, S. 4. Auch *Maurer*, Das voluntative Element des Vorsatzes als Beweisthema vor Gericht, 2007, S. 118 stellt insoweit eine Einigkeit über alle Differenzen in der Vorsatzdefinition hinweg fest.

Kapitel 2: Vorsatz als Entscheidung

genommen.[39] Menschliche „Entscheidungen" sind Ergebnisse psychisch-kognitiver Vorgänge. Sie variieren nach den Entscheidungsszenarien[40] und lassen sich über normative Vorgaben auch rechtlich steuern[41]. Der deutlichste Fall der Entscheidung ist die Entscheidung, der eine Planung vorausgeht. Im Wirtschaftsleben werden solche Planungen nicht selten verschriftlicht. Der Entscheidungsprozess tritt dann aus dem forum internum der Person heraus und ist objektiv festgehalten. Wenn Entscheidungen rechtskonform gefällt werden, schließt das auch dann die strafrechtliche Verantwortlichkeit aus, wenn das Verhalten im Übrigen vollauf bewusst und gewollt war. Wie die Entscheidung getroffen wird, variiert je nach Handlungssituation und hängt insbesondere von deren Komplexität und dem zeitlichen Entscheidungsdruck ab (siehe oben Kapitel 1). Die Formulierung von der „Entscheidung gegen das rechtlich geschützte Interesse" enthält zuletzt den Hinweis, dass dem „Vorsatz" gewisse normative Einsichten implizit sein müssen.

II. Koinzidenzprinzip und Tathorizont

Dem Kurztest „Wissen und Wollen der Tatumstände" weiter implizit ist das Gebot der Koinzidenz von Vorsatz und Handlung. Maßgeblich ist eben die innere Einstellung *bei*

---

39 An diesem Punkt zeigen die soeben genannten Arbeiten von *Roxin*, *Frisch* oder *Schroth* allesamt Schwächen.
40 Vgl. dazu die Differenzierung oben Kap. 1 III.
41 Dazu dann unten Kap. 3.

der Vornahme der vorgeworfenen Handlung. Werden die zeitlichen Prozesse weiter unterteilt ist für die „Vornahme" der Handlung nicht der Zeitpunkt der Ausführung entscheidend, sondern der Zeitpunkt des endgültigen Handlungsentschlusses und das Festhalten an der Entscheidung während der Ausführung. Entfällt der Wille „während der Ausführung der Handlung" oder überlegt es sich der „Täter" anders, kann er straffrei werden, wenn er die weitere Ausführung der Tat aufgibt oder deren Vollendung verhindert. § 24 Abs. 1 S. 1 StGB könnte in diesem Kontext als konsequente Fortführung des Vorsatzerfordernisses verstanden werden.

III. Nachfolgende Entwicklungen

Nachfolgende Entwicklungen – einschließlich eines dolus subsequens – haben bei der strafrechtlichen Beurteilung des Vorsatzes außer Betracht zu bleiben. Im Wirtschaftsstrafrecht bewahrt das Koinzidenzprinzip damit den umsichtigen Rechtsanwender, Gutachter oder Richter vor der Gefahr von Rückschaufehlern (hindsight bias).[42] Ein typischer Rückschaufehler ist bei riskanten Geschäftsentscheidungen der Schluss von einem hohen Schaden oder Defizit auf einen Fehler bei der Entscheidungsfindung und daraus auf einen (Untreue)"Vorsatz". Ähnliche Gefahren bestehen bei Bankrottstraftaten im Hinblick auf die später eintretende Insolvenz.

---

42 Ausführlich zur Problematik von Rückschaufehlern *Kahnemann*, Schnelles Denken, langsames Denken, 1. Aufl. 2017, S. 252.

Kapitel 2: Vorsatz als Entscheidung

Beispiele: Je näher eine Handlung an einer tatsächlichen Insolvenzeröffnung liegt, desto eher wird ein Gericht dazu neigen, einem Beschuldigten eine mangelnde Zahlungsfähig- bzw. -willigkeit zuzuschreiben. Tatsächlich ist diese spätere Entwicklung aber ein allenfalls schwaches Indiz für die innere Einstellung. Weitaus bedeutsamer ist auch hier der Kontext der Handlung zum Zeitpunkt ihrer Vornahme und damit etwa die Frage, ob eine Entscheidung in einer komplex drängenden Handlungssituation[43] gefallen ist und kognitive Verzerrungen[44] vorgelegen haben.

In einem Strafverfahren sollte ein Gutachter die Zahlungsfähigkeit eines Unternehmens zum Stichtag 28. Februar bestimmen. Der Gutachter bejahte die Zahlungsunfähigkeit mit dem Umstand, dass ein Gesellschafter der Gesellschaft am 5. März eine Kreditlinie gekürzt hatte. Tatsächlich basierte die Entscheidung für die Kreditlinie am 5. März auf plötzlichen Ereignissen (einem schweren Verkehrsunfall des Geschäftsführers), die erst nach dem 28. Februar eingetreten sind, und am 28. Februar noch nicht im Kern angelegt waren. Weder das Gericht noch die Verteidiger erkannten diesen Rückschaufehler mit der Folge, dass der Beschuldigte zu Unrecht verurteilt wurde.

Der entscheidende Test zur Bestimmung dessen, was vom Vorsatz bei der Begehung der Tat umfasst sein kann, muss

---

43 Vgl. oben Kap. 1 III 2.
44 Vgl. oben Kap. 1 II.

daher dahin gehen, ob ein Ereignis auf der Basis des Vorsatzes (Wissen und Wollen) im Vorhinein hinreichend konkret vorhersagbar war.[45] In der Rechtsprechung wird dieser Test im Kern traditionell im Rahmen des objektiven Tatbestandes von der Lehre vom sog. atypischen Kausalverlauf verlangt.[46] Im Gegensatz zu dem hier vertretenen Ansatz setzt diese Lehre aber nicht auf das Wissen und Wollen des konkreten Akteurs, sondern auf „die Grenzen des nach allgemeiner Lebenserfahrung Voraussehbaren" und damit auf einen objektiven und deutlich weiteren Maßstab.

IV. Durchbrechungen des Koinzidenzprinzips im Sinne eines „dolus liberus in causa"?

Soweit die Verhaltenspsychologie automatisiertes Entscheiden als Handeln im Sinne einer selbstverantwortlich hergestellten Prädisposition beschreibt, liegt die Frage nicht ganz fern, ob analog zur Rechtsfigur der actio

---

45 *Kahnemann*, Schnelles Denken, langsames Denken, 1. Aufl. 2017, S. 251 f. warnt hier vor einer allgemeinen Beschränkung des menschlichen Geistes, vergangene Wissensstände zu rekonstruieren. Rückschaufehler veranlassen den Beobachter (also auch Richter und Staatsanwälte), die Güte einer Entscheidung nicht nach dem Prozess der Entscheidungsfindung, sondern nach dem Ergebnis zu beurteilen.
46 Stellvertretend *Fischer*, StGB, 70. Aufl. 2023, § 16 Rn. 7 ff.: „Vom Vorsatz umfasst sein muss auch der Kausalverlauf. (...) eine Zurechnung als Vorsatztat (erg.: ist) nicht mehr möglich, wenn die Abweichung sich nicht mehr in den Grenzen des nach allgemeiner Lebenserfahrung Voraussehbaren hält".

Kapitel 2: Vorsatz als Entscheidung

libera in causa ein „dolus liberus in causa" die Durchbrechung des Koinzidenzprinzips gestatten sollte. Tatsächlich besteht ein solches Bedürfnis an dieser Stelle aber nicht.

1. Eingrenzung der Diskussion, Abgrenzung zum dolus antecedens und zur Problematik eines vagen Vorsatzkontinuums

Die Rechtsfigur der actio libera in causa ist bis heute sowohl hinsichtlich ihrer dogmatischen Konstruktion als auch ihrer prinzipiellen rechtlichen Anerkennung umstritten.[47] Wenn sich das Verhalten – wie für Leitungspersonen typisch – im Wesentlichen in Entscheidungen erschöpft, sollte eine vergleichbare Rechtsfigur aber auch nach der Entscheidung des 4. Strafsenats im 42. Band der amtlichen Sammlung noch zulässig sein.[48] Dort wurde die parallele Figur der „actio libera in causa" zwar für an ein bestimmtes tatbestandsmäßiges Handeln gebundene Delikte aufgegeben, aus dieser Rechtsprechung abzuleitende parallele Einschränkungen auf der subjektiven Tatseite sind aber kaum zu erwarten.

Das soll im Folgenden nicht weiter diskutiert werden. Es geht vielmehr darum, dass sich das Sachproblem der Vorverlagerung der tatbestandsmäßigen Handlung zu-

---

47 Dazu nur *Schmidhäuser*, Die actio libera in causa ein symptomatisches Problem der deutschen Strafrechtswissenschaft, 1992; *Sydow*, Die actio libera in causa nach dem Rechtssprechungswandel des Bundesgerichtshofs, 2002.
48 BGHSt 42, 235.

IV. Durchbrechungen des Koinzidenzprinzips

nächst in ähnlicher Weise auf der subjektiven Tatseite stellen kann. Zu dieser Frage findet sich bislang nur eine sehr spärliche Debatte.[49]

Als Sonderform eines (nur) im Vorfeld der Tat feststellbaren Vorsatzes wird zwar der sog. dolus antecedens diskutiert, von diesem dolus antecedens unterscheidet sich der dolus liberus in causa aber deutlich. Mit dolus antecedens handelt, wer im Vorfeld einer Tat ein tatbestandliches Verhalten und den ihm nachfolgenden Schaden erkennt und billigt. Fehlt dann der Vorsatz bei Begehung der Tat oder im Hinblick auf eine konkrete Tat, liegt der Versuch nahe, auf ein „situationsübergreifendes Vorsatzkontinuum" zurückzugreifen. Derartige Ansätze werden als unzulässige Normativierung des Vorsatzes zutreffend weithin abgelehnt.[50] Der Vorsatz muss als Teilelement der Schuld einen hinreichenden Deliktsbezug aufweisen. Hieraus folgt zwanglos der Konkretisierungsbedarf auf die bestimmte Tat, die dazu gehörige Handlung und die hieraus erwachsenden Tatfolgen. Beispielhaft konkretisiert

---

49 Tatsächlich war die Frage schon im Codex iuris canonici angelegt und wurde gerade auch in Analogie zur actio libera in causa bei *Binding* diskutiert, vgl. dazu ausführlich *Koriath*, Jura 1996, 113 (120). Im Zusammenhang mit dem Verbotsirrtum setzen sich etwa *Fischer*, StGB, 70. Aufl. 2023, § 17 Rn. 7; *Roxin/Greco*, Strafrecht AT I, 5. Aufl. 2020, § 21 Rn. 49 ff. („Vorverschulden beim Verbotsirrtum" als Parallele zum Übernahmeverschulden bei der Fahrlässigkeit); *Puppe*, in: FS-Rudolphi, 231 (238 ff. m.w.N.) mit dieser Frage auseinander.
50 Vgl. etwa im Zusammenhang mit aktuellen Vorsatzfragen *Momsen*, KriPoZ 2018, 76 (84).

Kapitel 2: Vorsatz als Entscheidung

der BGH vom 02. 12. 2012 – 3 StR 435/11 die Vorsatzanforderungen an eine Beihilfe gem. § 27 StGB:

Der Tatvorwurf bestand zunächst darin, durch das Bereitstellen von Bankkonten, durch Weiterüberweisung und die Abhebung eingegangener Geldbeträge Beihilfe zum Computerbetrug zum Nachteil von Online-Banking-Nutzern durch sogenanntes "Phishing" geleistet zu haben. Zur subjektiven Tatseite hat das Landgericht festgestellt, den Angeklagten sei bewusst gewesen, "dass die Zahlungseingänge einen illegalen Hintergrund hatten". Dieser allgemeine Vorsatz genügte dem Bundesgerichtshof nicht. Der Senat führt folgerichtig aus: „Allerdings muss der Gehilfe seinen eigenen Tatbeitrag sowie die wesentlichen Merkmale der Haupttat, insbesondere deren Unrechts- und Angriffsrichtung, im Sinne bedingten Vorsatzes zumindest für möglich halten und billigen. (...) Dass die Angeklagten "jedwedes" oder "irgendein" Vermögensdelikt fördern wollten, reicht nicht aus."

(Unterstreichung nicht im Original)

2. Dolus liberus in causa als notwendige Normativierung?

Vorerfahrung als psychologische Basis von Gefahrverdrängungsprozessen wird als vorsatzausschließender Fak-

IV. Durchbrechungen des Koinzidenzprinzips

tor zugunsten eines Beschuldigten anerkannt.[51] Auf der Basis eines psychologischen Vorsatzbegriffs ist dies insoweit konsequent, als die Vorerfahrung das Erkennen und Beurteilen einer Gefahr tatsächlich psychologisch beeinflussen kann. Vorsatz ist dann nicht mehr oder nur noch in Form automatisierten Verhaltens feststellbar.

Beispiel: Der Vorstand einer Aktiengesellschaft hat täglich Risikoentscheidungen mit erheblichen finanziellen Auswirkungen zu treffen. Er entwickelt eine risikofreudige Persönlichkeitsstruktur. In der Folge werden von ihm Entscheidungen über Beträge mit geringen finanziellen Auswirkungen nachweislich
a) nicht mehr als riskant wahrgenommen oder
b) nicht mehr reflektiert, sondern automatisiert getroffen.

Einen Vorsatz indizierenden Charakter und entsprechende Eigenschaften weisen Personen häufig bereits weit vor der konkreten Straftat auf und diese Persönlichkeitsstruktur kann geradezu konsequent in eine Situation führen, in der eine echte Reflexion im Sinne eines Erkennens und Billigens der Gefahr nicht mehr erfolgt. Die Person, die in dieser Situation automatisiert entscheidet (oben im Beispiel unter b), handelt auf der Basis des psychologischen Vorsatzbegriffes zutreffend „vorsätzlich". Der Vorsatz im Sinne einer Handlungssteuerung folgt aus dem von Heu-

---

51 *Momsen*, KriPoZ 2018, 76 (93 f.); *Jakobs*, RW 2010, 283 (292 f.) m.w.N.

Kapitel 2: Vorsatz als Entscheidung

ristiken geprägten „System 1".[52] Eine Person, die aufgrund ihres Vorverhaltens in einer Weise disponiert ist, dass gewisse Gefahren schon gar nicht mehr wahrgenommen werden, handelt dagegen nicht vorsätzlich und bleibt dort, wo fahrlässiges Verhalten nicht sanktioniert ist, straflos. Normativ ist dieses Ergebnis zumindest auf den ersten Blick kaum verständlich. Wer sich in einer Weise entgegen den Vorgaben des Rechts disponiert, dass er schon seine Umwelt nicht mehr entsprechend wahrnimmt, soll straflos sein?

Das Rechtsgefühl deutet zunächst in die entgegengesetzte Richtung und fordert besondere Härte des Strafrechts.[53] Tatsächlich verläuft an dieser Stelle aber die Grenze zwischen einem schuldorientierten Tatstrafrecht und einem an der Gefährlichkeit einer Person orientierten Maßnahmerecht. Würde das vorgenannte Beispiel in den Bereich des Sexualstrafrechts transformiert, würde es naheliegen, den dermaßen gefährlichen Täter mit den Mitteln des präventiv orientierten Maßnahmerechts zu behandeln. Im Wirtschaftsrecht stehen neben den hoheitlichen Maßnahmerechten[54] auch zivilrechtliche Mechanismen. Der Vorstand der Aktiengesellschaft steht schließlich unter der gesellschaftsrechtlich ausgestalteten „Aufsicht"

---

52 Vgl. oben Kap. 1 II.
53 In diesem Sinn *Kubiciel/Hoven*, NStZ 2017, 439 (440) vor dem Hintergrund von Raser-Unfällen im Straßenverkehr; zu diesen Fällen sogleich auch unten im Haupttext.
54 Gedacht ist etwa an gewerberechtliche Maßnahmen, vgl. § 35 GewO.

IV. Durchbrechungen des Koinzidenzprinzips

des Aufsichtsrates, der Aktionäre und weitergehend den durchaus selektiven Mechanismen des Marktes.

Im Unterschied zur actio libera in causa ist der Verweis auf das Maßnahmerecht auch gerechtfertigt. Da eine entsprechende subjektive Disposition nicht ohne massiven Einfluss auf die grundlegende Persönlichkeitsstruktur bleiben kann, wäre die Strafe eine ärmliche Reaktion. Die Person bedarf der umfassenden Behandlung oder z.B. eines Berufsverbots (§ 70 StGB). Im Wirtschaftsstrafrecht ist dies auf absolute Ausnahmefälle beschränkt, sodass sich das Fehlen der wissenschaftlichen Diskussion an dieser Stelle erklärt.[55] Im Straßenverkehr – z.B. in sog. Raserfällen – liegen entsprechende Überlegungen freilich durchaus nahe, sodass hier womöglich forensische Defizite bestehen.

Bei der actio libera in causa werden dagegen regelmäßig Sachverhalte diskutiert, in denen der Täter in der einzelnen Situation versagt, aber nicht eine per se deviante und deformierte Persönlichkeitsstruktur aufweist.

---

55 In praktisch eher denkbaren Sachverhalten mit Bezug zum Straßenverkehr ist weithin bereits fahrlässiges Fehlverhalten unter Strafe sowie unter die Maßnahme der Entziehung der Fahrerlaubnis (§§ 69 ff StGB) gestellt.

Kapitel 3: „Richtiges Entscheiden" als vorsatzloses Handeln

Das Koinzidenzprinzip als zentrales Element der juristischen Vorsatzlehre rückt zutreffend die konkrete Entscheidungs*situation* in den Fokus. Eine Entscheidung „gegen" das Rechtsgut lässt sich hier vielfach bereits dadurch ausschließen, dass der Akteur bei seiner Entscheidung der Auffassung war, eine Entscheidung „für" das rechtlich geschützte Interesse zu treffen. Eine Entscheidung für eine Sache und eine Entscheidung gegen eine Sache befinden sich in einem logischen Ausschließlichkeitsverhältnis.

Beispiel: Der Arzt, der sich bei der Behandlung des Patienten für eine Operation entscheidet, entscheidet sich für eine Heilmaßnahme, auch wenn der Patient indirekt an oder sogar direkt bei der Operation verstirbt oder einen Begleitschaden an seiner Gesundheit erleidet. Der Arzt, der seinem Patienten also einen Tumor am Zungengrund entfernt, handelt für das Wohl des Patienten, obwohl er ihm die Zunge entfernt. Dies gilt selbst dann, wenn der Patient wenig später doch an der Krebserkrankung verstirbt. Gleichermaßen scheidet etwa eine Untreue in Form einer fehlerhaften Risikoentscheidung aus, wenn der Akteur, eine positive Entscheidung für das von ihm betreute Vermögen treffen will.

Kapitel 3: „Richtiges Entscheiden" als vorsatzloses Handeln

Die Idee, zwischen „richtigen" und „nicht richtigen" Entscheidungen zu trennen, macht für das Wirtschaftsstrafrecht mit seinen komplexen Handlungssituationen also durchaus Sinn. Dies gilt erst recht, weil die Entscheidung, ein Handeln zu unterlassen und „kein" Risiko für das rechtlich geschützte Interesse zu schaffen, in vielen Situationen schlicht nicht möglich ist. Der Unternehmer, der keine Entscheidung trifft, entscheidet sich für die Beibehaltung des status quo einschließlich aller bestehenden Risiken. In vielen Fällen ist die „Entscheidung" sogar normativ und zu einem bestimmten Zeitpunkt eingefordert.

Beispiel: Informationspflichten nach HGB oder WpHG erfordern unabdingbar zu einem bestimmten Zeitpunkt Bewertungen und Prognosen, denen stets „Entscheidungen" zugrunde liegen. Als strafrechtlich relevant bzw. manipulativ kann sich dabei sowohl die zu pessimistische als auch die zu optimistische Äußerung erweisen. Geradezu fatal kann die zeitgleich z.B. hinsichtlich des erwarteten Umsatzes zu niedrige und hinsichtlich des erwarteten Gewinns zu hohe Prognose sein.

Als Ausweg aus dem Dilemma der Prognoseunsicherheit wird regelmäßig ein weiter Prognosespielraum gewährt. Ein gut beratener Akteur flüchtet sich in die ausführliche präventive Dokumentation (Vorratsdokumentation) einer Entscheidung oder lässt die Entscheidung von einem Dritten vorbereiten und delegiert das Risiko. Weil dies aber keine vom Recht gewollten „Lösungen" sein können, führt das Dilemma zu der grundlegenden Frage, wie eine Entscheidung generell getroffen werden sollte. Oder kurzgefasst: Wie entscheidet man richtig?

I. Richtiges Entscheiden 1: Entscheiden nach vorgegebenen Algorithmen und Prozeduren

Die Frage, wie man richtig entscheidet, bezieht sich auf das Entscheidungs*verfahren*. Sie ist also zu unterscheiden von der am Erfolg orientierten Frage, wie in einer konkreten Situation die richtige Entscheidung aussieht. Das Verfahren, wie man zu einer Entscheidung gelangt, ist an den verschiedensten Stellen normativ geregelt. Entscheidungen sind dann sicher „richtig", wenn sie sich im Rahmen des vorgegebenen Entscheidungsalgorithmus[56] halten:

1. Bankenrechtliche Vorgaben bei der Vergabe von Großkrediten als Beispiel eines gesetzlichen Entscheidungsalgorithmus

Einige Prominenz haben aufgrund der Rechtsprechung des Bundesgerichtshofs die Kriterien zur Entscheidung über die Vergabe von Großkrediten.[57] Normativer Ausgangspunkt ist hier § 18 S. 1 KWG. Dieser enthält folgende zentrale Regel:

---

56 Der Begriff „Algorithmus" wird hier verstanden als eine eindeutige Handlungsvorschrift zur Lösung eines Problems oder einer Klasse von Problemen.
57 BGHSt 46, 30, 34; BGHSt 47, 148, 149; BGH Urt. v. 13.08.2009 – 3 StR 576/08.

"Ein Kreditinstitut darf einen Kredit, der insgesamt 750 000 Euro (...) überschreitet, nur gewähren, wenn es sich von dem Kreditnehmer die wirtschaftlichen Verhältnisse (...) offen legen lässt."

Der Gesetzgeber konkretisiert die Vorgaben durch den Hinweis, der Kreditnehmer solle „insbesondere" die Jahresabschlüsse vorlegen. Hiervon könne abgesehen werden, wenn dieses Verlangen im Hinblick auf die gestellten Sicherheiten „offensichtlich" unbegründet wäre. Von der „laufenden Offenlegung" könne man absehen, wenn der Kredit durch Grundpfandrechte auf vom Kreditnehmer genutztes Wohneigentum abgesichert ist, der Kredit 80% des Beleihungswertes nicht übersteigt und die Kreditraten regelmäßig bedient werden. Parallel zu dem formalen Kontrollprogramm wird mithin ein materiales Alternativprogramm formuliert. Etwas abstrahiert fordert der Gesetzgeber kumulativ ein

- erheblich minimiertes Ausfallrisiko,
- bei zugleich erhöhtem persönlichem Risiko des Kreditnehmers und
- einer reibungslosen Vertragsabwicklung.

§ 18 KWG programmiert damit eine deutlich risikoaverse Kreditvergabepraxis. Die von der Rechtsprechung in Strafsachen formulierten Voraussetzungen knüpfen hieran an. Beurteilungsspielräume sollen daher schon dann entfallen, wenn die „banküblichen Informations- und Prüfpflichten" verletzt wurden.[58] Die kognitive Seite des dolus eventualis soll bereits erfüllt sein, wenn der Normadressat „mit Umständen rechnet, die die Minderwertigkeit eines Rückzahlungsanspruchs begründen."

In der Sache werden damit hergebrachte kaufmännische Grundsätze ordnungsgemäßer Bankgeschäftsführung rezipiert und strafrechtlich verbindlich.[59] Kreditinstitute müssen danach die Kreditwürdigkeit des Kreditnehmers vor und während der Kreditgewährung sorgfältig prüfen und überwachen, um die Risiken der konkreten Kreditvergabe zu erkennen.[60] Soweit § 18 KWG – wie etwa bezüglich der Quantität und Qualität der vom Kreditnehmer vorzulegenden Unterlagen – keine näheren Vorgaben enthält, werden über den von den Strafgerichten betonten Topos der „Bankenüblichkeit" hinaus Rundschreiben der Bankenaufsicht und andere Auslegungsregeln in Bezug genommen.

Die historische Entwicklung um § 18 KWG zeigt freilich, dass an dieser Stelle kein falscher Formalismus entstehen darf: Die BaFin selbst hat mit Schreiben vom 9.5.2005[61] ihre bis dahin veröffentlichten Rundschreiben zu § 18 KWG für gegenstandslos erklärt und die Banken im Hinblick auf § 25a KWG zu einem ihrem Geschäftsprofil entsprechenden Risikomanagement verpflichtet.[62] Aus strafrechtlicher Perspektive sollte daher schon dann

---

58 BGHSt 47, 148, 152.
59 *Bock*, in: Fischer/Schulte-Mattler, KWG, 6. Aufl. 2023, § 18 Rn. 1.
60 *Bock*, in: Fischer/Schulte-Mattler, KWG, 6. Aufl. 2023, § 18 Rn. 1.
61 Bafin, Schreiben v. 9.5.2005, BA 13 – GS 3350 – 1/2005.
62 *Bock*, in: Fischer/Schulte-Mattler, KWG, 6. Aufl. 2023, § 18 Rn. 6.

Kapitel 3: "Richtiges Entscheiden" als vorsatzloses Handeln

eine „richtige" Entscheidung vorliegen, wenn ein im Rahmen der gesetzlichen Vorgaben noch vertretbarer Entscheidungsprozess nachgewiesen werden kann.

Subjektive Beurteilungsspielräume von objektiven Verhaltensweisen, wie z.b. der objektiv ordnungsgemäßen Erhebung, Prüfung und Analyse von Daten abhängig zu machen,[63] verkürzt die Problematik. Hier werden objektive und subjektive Tatseite in einer Weise verknüpft, die so im Gesetz nicht vorgesehen sind.

2. Die Entscheidung nach Maßgabe und in Abstimmung mit einer zuständigen Stelle als Proceduralisierung der Rechtsfindung

Die Maßstäbe, die für die Kreditvergabe bei Großkrediten von Banken gelten, sind keine generellen und allgemein gültigen Maßstäbe. Wichtig sind daher auch etwaige Vorgaben des Prinzipals bei der Untreue oder bei anderen Konstellationen einer zuständigen hoheitlichen Stelle. Die "genehmigte" bzw. mit dem Prinzipal oder einer zuständigen Stelle „abgesprochene" Entscheidung schließt den Vorsatz ebenfalls aus.

Die Bedeutung solcher zuständigen Stellen ist erheblich: So führen etwa sozialversicherungsrechtliche (z.B. §§ 7a, 28h, 28p SGB IV) oder einkommensteuerrechtliche (z.B. § 42e EStG) Anfragen bei den entsprechenden Stellen zum Ausschluss des § 266a StGB oder des § 370 AO und

---

[63] BGH HRRS 2009, Nr. 900 Rn. 29 mit ausdrücklichem Hinweis auf *Bosch/Lange*, JZ 2009, 225 (233).

zwar in der Regel bereits auf der Ebene des objektiven oder subjektiven Tatbestandes.

Beispiele: Rückfragen bei der Deutschen Prüfstelle für das Rechnungswesen über schwierige Bilanzfragen stehen der Annahme einer vorsätzlichen „unrichtigen" Darstellung nach § 331 HGB entgegen. Die Orientierung an Auskünften der Datenschutzbeauftragten zur Handhabung der DSGVO und der darauf basierenden nationalen Datenschutzgesetze schließt die vorsätzliche Verwirklichung entsprechender Bußgeldtatbestände aus.

Dogmatisch handelt es sich dabei nicht zwingend um eine den objektiven Tatbestand ausschließende Einwilligung, sondern in weiten Teilen um eine vom Gesetzgeber im maßgeblichen Primärrecht vorgesehene Prozeduralisierung[64] des materiellen Rechts. Die Grenzen derart strafrechtlich entlastender Verfahren hat der Gesetzgeber für das Umweltstrafrecht in § 330d Nr. 5 StGB formuliert: Ein Verfahren entlastet nicht, wenn es durch Drohung, Bestechung, Kollusion oder unrichtige oder unvollständige Angaben kontaminiert ist. Der Gesetzgeber lehnt sich damit an die im allgemeinen Verwaltungsrecht (§ 48 Abs. 2 S. 3 VwVfG) normierten Konstellationen des Rechtsmissbrauchs an. Maßgeblicher Parameter zur weiteren Auslegung dieser Sachverhalte ist die Frage, ob beim Normad-

---

64 Siehe dazu am Beispiel der Selbstbestimmung des Patienten bei der Sterbehilfe *Eicker*, Die Prozeduralisierung des Strafrechts, 2010, S. 214 ff. (218).

Kapitel 3: „Richtiges Entscheiden" als vorsatzloses Handeln

ressat ein rechtlich anzuerkennendes „Vertrauen" auf die Auskunft der staatlichen Stelle besteht oder nicht.

Die Rückfrage bei der zuständigen Stelle schließt den Vorsatz selbst bei solchen Taten aus, die an sich nicht zur Disposition der zuständigen Stelle stehen: Die entsprechende Stelle konkretisiert die vor- bzw. außerstrafrechtlichen Vorgaben für den Normadressaten. Der Normadressat ist nicht der Kontrolleur dieser Stellen. „Irrtumsfragen" stellen sich an dieser Stelle auf Seiten des Normadressaten daher nicht.[65] Der Normadressat handelt entsprechend der für ihn konkretisierten Vorgaben. Eine Grenze ist erst dort zu ziehen, wo der Normadressat einen Fehler der zuständigen Stelle erkannt hat oder über sonst besseres Wissen verfügt.

---

65 Für einen Vorsatzausschluss auch BSG Urt. v. 9.11.2011 – B 12 R 18/09 Rz. 25 ff.; für eine Beurteilung auf Ebene des Verbotsirrtums dagegen BGH Beschl. v. 7.10.2009 – 1 StR 478/09. Jenseits der strafrechtlichen Beurteilung kann diese Unterscheidung erhebliche Auswirkung auf außerstrafrechtliche Folgen (z.B. der Beginn der sozialversicherungsrechtlichen Verjährung oder der Pflicht zur Zahlung von Säumniszuschlägen haben); aus der neueren Literatur ebenfalls für eine dezidierte Behandlung dieser und ähnlicher Fragen auf der Ebene des Vorsatzes zum Bilanzstrafrecht *Dannecker*, in: Staub, HGB, 5. Aufl. 2012, vor § 331 Rn. 168; *Eidam*, in: Esser/Rübenstahl/Saliger/Tsambakis, 1. Aufl. 2017 §§ 16, 17 StGB Rn. 21.

3. Höchstrichterlich entwickelte Entscheidungsalgorithmen und Prozeduren

An verschiedenen Stellen hat die Rechtsprechung die maßgeblichen normativen Entscheidungsprogramme selbst entwickelt:

Der 3. Senat verlangt etwa für „*gewöhnliche Geschäftsentscheidungen mit Beurteilungsspielraum*" eine Entscheidung auf der „Grundlage sorgfältig erhobener, geprüfter und analysierter Information".[66] Etwas verschärft fordern der 1.[67] und 3. Senat[68] vor der Erschließung eines neuen Geschäftsfelds bzw. vor der Verwirklichung einer neuen Geschäftsidee eine Risikoanalyse auf „breiter Entscheidungsgrundlage". Eine weiterreichende, bis ins Einzelne gehende und nur mit hohem Aufwand zu erstellende Abschätzung des Geschäftsverlaufes wird dagegen nicht gefordert.[69]

Die Rechtsprechung der Senate bezieht sich in der Sache zwar in erster Linie auf die Untreue, normativ erscheinen die Vorgaben aber verallgemeinerbar auf andere Prognoseentscheidungen z.B. im Rahmen der Insolvenzdelikte. Wichtig sind die vom BGH zutreffend gewährten Freiräume. Werden diese zu eng gefasst, besteht die Ge-

---

66 BGH HRRS 900 Rn. 28.
67 BGH Urt. v. 22. November 2005 – 1 StR 571/04 (Rn. 42, Kinowelt).
68 BGH HRRS 900 Rn. 29; ebenso
69 BGH Urt. v. 22. November 2005 – 1 StR 571/04 (Rn. 42, Kinowelt).

fahr, strafrechtlich den Weg in eine risikoaverse „Beamtenwirtschaft" vorzuzeichnen[70] bzw. zu verstärken[71].

II. Richtiges Entscheiden 2: Entscheidungen in Form „optimaler Entscheidungen"

In der Regel schweigt das Recht zu der Frage, wie man richtig entscheidet. Allgemein begnügt sich das (Straf)Recht damit, Entscheidungen gegen rechtlich geschützte Interessen zu sanktionieren. Eine Sanktionierung ist hier freilich ausgeschlossen, wenn die Entscheidung zum Zeitpunkt der Handlung und aus der Sicht ex ante „optimal" war. Aus Sicht des rechtlich geschützten Interesses ex ante optimales Verhalten kann selbst dann nicht Anknüpfungspunkt einer strafrechtlichen Sanktion sein, wenn sich dieses Verhalten im Nachhinein als schädigend erweist. Dies gilt auch, wenn das Verhalten ex ante (möglicher Weise sogar rechtlich missbilligte) Risiken für das geschützte Interesse beinhaltet hat, diese Risiken gesehen

---

70 Zu entsprechenden tatsächlich feststellbaren Tendenzen zu sog. „defensivem Entscheiden" vgl. *Gigerenzer*, Risiko, 1. Aufl. 2020, S. 153 f. (bzw. S. 82 f. zu noch stärkeren Tendenzen zu defensivem Verhalten im Bereich der ärztlichen Heilbehandlung); allgemein zum wirtschaftsstrafrechtlichen Mechanismusdesign *Mansdörfer*, Zur Theorie des Wirtschaftsstrafrechts, 2011, Rn. 54.
71 *Gigerenzer*, Risiko, 1. Aufl. 2020, S. 154 beschreibt defensives Verhalten als „in Großunternehmen symptomatisch" und unterscheidet ausdrücklich zwischen Großunternehmen und Familienunternehmen.

II. Richtiges Entscheiden 2

und die Verletzung des geschützten Interesses als möglich erachtet wurde.

Die Voraussetzungen „optimaler Entscheidungen" lassen sich mathematisch beschreiben.[72] Die Entscheidungstheorie unterscheidet insoweit zwischen Entscheidungen unter Sicherheit und solchen unter Unsicherheit. Eine Entscheidung unter Sicherheit setzt optimale Rahmenbedingungen, vor allem eine Kenntnis aller Informationen einschließlich deren Gewichtung, voraus. Dies hat zur Folge, dass für jedes Handeln eine sichere Wahrscheinlichkeit in Bezug auf die Folgen berechnet werden kann. Ein Unterschied zwischen ex-ante und ex-post Betrachtung besteht nicht. Weitere grundlegende Unterscheidungen bestehen zwischen einfachen Entscheidungen zur Nutzenmaximierung, Situationen des Tausches und solchen der Kooperation.

Tatsächlich sind optimale Entscheidungssituationen in der realen Welt Fiktion. Der Zustand der Sicherheit mit dem Postulat vollkommener Information ist Theorie. Das bedeutet nicht, dass die aus diesen Annahmen zu gewinnenden Erkenntnisse für das Recht gänzlich unbrauchbar wären. Im Gegenteil: Für die Konstruktion eines Normensystems liefert diese optimierte Sichtweise zum einen hilfreiche Hinweise für das Verhalten der Normadressaten unter Idealbedingungen. Zum anderen folgt daraus ein Idealmaßstab, an dem suboptimale Entscheidungen ge-

---

[72] Dazu im Kontext zu den grundlegenden Funktionsmechanismen im Wirtschaftsstrafrecht bereits *Mansdörfer*, Zur Theorie des Wirtschaftsstrafrechts, 2011, Rn. 59 ff.

Kapitel 3: „Richtiges Entscheiden" als vorsatzloses Handeln

messen werden können. In der Folge kann von dieser Basis das notwendige und tolerable Maß an Abweichung entwickelt werden. Im Klartext: Das Wissen um die Gestalt der optimalen Entscheidung in der Theorie ermöglicht uns im Grunde erst, das Maß notwendiger Abweichungen für tolerable Entscheidungen in der Praxis zu erkennen.

III. Richtiges Entscheiden 3: Normativ zulässige suboptimale Entscheidungen

In der täglichen Realität sind Entscheidungen unter nicht optimalen Bedingungen zu treffen. In der Entscheidungstheorie spricht man insoweit von Entscheidungen unter Unsicherheit, bei denen der Akteur nicht alle Eintrittswahrscheinlichkeiten und Umweltzustände erkennt bzw. nicht erkennen kann.[73] Gleichfalls geläufig ist die Bezeichnung als Entscheidungen unter begrenzter Rationalität oder (zurückgehend auf *Herbert Simon* im Jahr 1955/56) englisch als „bounded rationality".[74]

Ein Handeln unter voller Rationalität kann normativ also nicht gefordert werden. Impossibilium nulla est obligatio. Aus Sicht des Rechts ist daher ein Handeln mit begrenzter Rationalität grundsätzlich als zulässig anzuer-

---

73 Vgl. dazu auch *Gigerenzer*, Risiko, 1. Aufl. 2020, S. 146.
74 *Gigerenzer*, in: Gigerenzer/Engel, Heuristics and the law, 2006, S. 17 (22 ff.).

kennen.[75] Die normative Kernfrage geht dahin, wie mit solchen Entscheidungen genau umzugehen ist und in welchem Umfang begrenzt rationale Entscheidungen – und damit die bewusste Begrenzung des persönlichen Entscheidungshorizonts – anzuerkennen sind.

1. Die strukturelle Gefahr der Vorsatzunterstellung bei suboptimalen Entscheidungen unter Unsicherheit

Da jeder bewusst nicht optimalen Entscheidung ein Moment des „Für-Möglich-Haltens" und des psychologischen „Billigens der Folgen einer Fehlentscheidung" immanent ist, liegt die Fehleinschätzung nahe, eine bewusst nichtoptimale Entscheidung als eventualvorsätzliche Entscheidung gegen das rechtlich geschützte Interesse einzustufen. Hinzu kommt wieder die unvermeidbare Ex-post-Perspektive von Strafverfolgungsorganen. Bei der Aufklärung von Sachverhalten werden die Abweichungen vom ex ante erwarteten Verlauf exponiert und in der Rückschau als erwartbar oder erwartet unterstellt. Damit unterliegen Strafverfolgungsorgane einer strukturellen Gefahr, eventualvorsätzliches Handeln fehlerhaft zu unterstellen. Besonders anfällig sind Tatbestände wie die Untreue, § 266 StGB, der Bankrott, § 283 StGB, Kommunikationsdelikte wie z.B. Bilanzdelikte oder Straftaten gegen die Umwelt wie die §§ 324 ff. StGB.

---

75 In diese Richtung auch grundsätzlich *Wohlers*, ZStW 125 (2014), 443 (466 ff.).

Kapitel 3: „Richtiges Entscheiden" als vorsatzloses Handeln

2. Einsichten der Risikopsychologie

Organe der Strafrechtspflege müssen sich daher bewusstmachen, wie man in Situationen „begrenzter Rationalität" überhaupt „richtig" entscheidet. Hilfe bietet wiederum die Risikopsychologie, die entsprechende Entscheidungen zu ihrem zentralen Forschungsgegenstand hat.

Nach *Gerd Gigerenzer* greifen die Menschen dort, wo wenig Zeit für sorgfältiges Nachdenken bleibt oder komplexe Fragen vorliegen, zu heuristischen Methoden.[76] Heuristik beschreibt eine Form adaptiver Rationalität. Akteure orientieren sich danach in ihrem Verhaltensmuster

- an anderen, ihrer Vorstellung nach „erfolgreichen" Vorbildern,
- an Routinen,
- an bewährten Faustregeln,
- an Gewohnheiten oder
- an wenigen, dafür aber zentralen Indikatoren.

Studien zeigen, dass solche Orientierungen unterbewusst eine stärkere Rolle spielen, als es von den Entscheidern zum Teil selbst angenommen wird.

Illustrativ ist eine Studie von *Dhami* und *Ayton* aus dem Jahr 2001[77] zu den Bewährungsentscheidungen durch

---

[76] *Gigerenzer*, in: Gigerenzer/Engel, Heuristics and the law, 2006, S. 17 (24 ff.); ergänzend dazu *Kahnemann*, Schnelles Denken, langsames Denken, 1. Aufl. 2017, S. 139 ff.

[77] *Dhami/Ayton*, Journal of Behavioral Decision Making, 14 (2) 2001, S. 141 ff.; *Gigerenzer*, in: Gigerenzer/Engel, Heuristics and the law, 2006, S. 17 (28 ff.).

englische Magistrates: Als Magistrates fungieren dort lokale Laienrichter in einer kleinen Kammer aus zwei oder drei Personen, die selbst angeben, dass ihre Entscheidung auf einer umfassenden und vorurteilsfreien Würdigung aller Beweise beruhe. Tatsächlich entschied jede Kammer maßgeblich nach nur zwei Kriterien: Entscheidend war erstens, ob dem Täter zuvor von der Polizei oder von einem Gericht schon einmal Auflagen auferlegt worden waren, und zweitens, ob der Täter wegen desselben oder eines ähnlichen Delikts vorbestraft war.

Ähnliche Studien aus der Diagnostik von Krankheiten oder aus Bewerbungsgesprächen bestätigen die Beobachtungen von *Dhami* und *Ayton*. Sucht man im juristischen Bereich weiter, findet man ähnliche Entscheidungsroutinen etwa bei der Strafzumessung. Auch dort orientiert man sich an wenigen Faktoren[78] und in der Regel stark an lokalen Vorbildern und Traditionen[79]. Die Qualität der Entscheidungen, die auf diese Weise getroffen werden, beschreibt die Risikopsychologie als „gut" oder „sehr gut", aber nicht „optimal".

---

78 *Schäfer/Sander/van Gemmeren*, Praxis der Strafzumessung, 6. Aufl. 2017, Teil 8.
79 *Streng*, Strafrechtliche Sanktionen, Die Strafzumessung und ihre Grundlagen, 3. Aufl. 2012, Rn. 645.

Kapitel 3: „Richtiges Entscheiden" als vorsatzloses Handeln

3. Konsequenzen für die normative Behandlung von Entscheidungsprozessen

Wenn auf heuristische Weise grundsätzlich qualitativ gute bis sehr gute Ergebnisse erzielt werden, muss diese Form der Entscheidungsfindung vom Recht akzeptiert werden. Oft erlauben einfache Algorithmen ein mindestens ebenso gutes Ergebnis wie Vorhersagen von Experten, während Komplexität im Allgemeinen eher die Genauigkeit einer Prognose verringert.[80] Ein liberales Strafrecht muss solche Entscheidungsroutinen grundsätzlich respektieren und als wichtige Beweiszeichen einordnen. Die normative Einordnung erfolgt abstrakt generell und nicht in Ansehung des zum Nachteil des geschützten Interesses abweichenden Einzelfalls.

Die von einem heuristischen Vorgehen getragene Information bei Dritten ist daher in der Regel ein starkes Indiz gegen einen strafrechtlich relevanten Vorsatz. Der Akteur will schließlich – bis dato – positive Erfahrungswerte anderer für sich selbst nutzbar machen. Die maßgebliche Gefahr dieses Vorgehens liegt in der Komplexität des Sachverhalts. Oft sind die Situationen in der Wirtschaft regelmäßig so komplex, dass Situationen nur eingeschränkt vergleichbar sind, und dies nicht erkannt wird. Zusätzlich besteht das Risiko einer unbekannten Gefahr und deren strukturelle Verstärkung durch Nachahmer- oder Masseneffekte. Die Realisierung solcher Gefahren ist freilich nicht

---

80 Vgl. *Kahnemann*, Schnelles Denken, langsames Denken, 1. Aufl. 2017, S. 276 f.

die Verwirklichung einer vorsätzlichen Gefahrschaffung, sondern allenfalls eine fahrlässig hervorgerufene Folge an sich gut gemeinten Handelns.

Beispiel: Mit Recht waren viele im Ergebnis nachteilige Transaktionen im Vorfeld der Finanzkrise 2007–09 strafrechtlich nicht zu erfassen. Transaktionen folgen oft dem Vorbild von Herdenverhalten. Herdenverhalten ist ein typisches Finanzmarktphänomen und soll dort heuristisch dem Problem asymmetrischer Informationsverteilungen entgegenwirken. In der Natur ist Schwarmverhalten mit einer Sicherheit bildenden Form kollektiver Wachsamkeit bzw. kollektiver Informationsverarbeitung verbunden. Der einzelne Akteur unterliegt in solchen Situationen einem psychologischen Ansteckungsrisiko, ohne deshalb im Fall eines Scheiterns die Verletzung eines rechtlich geschützten Interesses im strafrechtlich-psychologischen Sinn zu billigen.

IV. Strafrechtliche Folgen normativ zulässiger Entscheidungen

Nimmt man den Vorsatz als Kategorie subjektiver Zurechnung entsprechend den vorstehenden Überlegungen ernst, liegt schon bei der Art der Entscheidungsfindung ein erhebliches Restriktionspotential. Wer in normativ zulässiger Weise „richtig" entscheiden will, entscheidet sich nicht „gegen" ein Rechtsgut. Tatsächlich besteht hier also ein kategoriales Ausschlusskriterium, dem im Rahmen der

Kapitel 3: „Richtiges Entscheiden" als vorsatzloses Handeln

gängigen Prüfmuster zum Nachweis von Vorsatz bis heute kein eigenständiger Raum zugewiesen wurde.

1. Ausschluss des Vorsatzes bei Entscheidungen für das rechtlich geschützte Interesse

In Anbetracht der Delikte, für die die subjektive Tatseite „klassisch" entwickelt wurde, ist das Fehlen einer solchen Kategorie nicht verwunderlich. Bei Delikten gegen Leib, Leben, Freiheit oder die sexuelle Selbstbestimmung ist tatbestandsmäßiges Verhalten in Ausnahmefällen innerhalb anerkannter Rechtfertigungsgründe erlaubt. Jenseits dessen sind Gründe für rechtsgutsverletzendes Verhalten rechtspraktisch nicht vorhanden. Bei den im Zentrum der vorliegenden Betrachtungen stehenden komplexen Sachverhalten mit tatsächlich bestehenden Entscheidungsdilemmata ist dies anders. Entscheidungen, die ex ante optimal sind oder vorgegebenen normativen Entscheidungsprogrammen entsprechen, scheiden insoweit als vorsätzliche Entscheidung gegen ein rechtlich geschütztes Interesse selbst dann aus, wenn die Gefahr seiner Verletzung erkannt und hingenommen wird.

IV. Strafrechtliche Folgen normativ zulässiger Entscheidungen

2. Vorsatz als praktisches Nachweisproblem und Feld aktiver Strafverteidigung

Selbst das praktische Problem, wie „richtige" Entscheidungen nachgewiesen werden können[81], sollte heute regelmäßig „lösbar" sein: In Unternehmen sind Entscheidungswege inzwischen durch Email-Verkehr und verbesserte Dokumentationsbemühungen noch Jahre später nachvollziehbar. Der für gewöhnlich innere Vorgang einer Entscheidungsfindung wird damit veräußerlicht. Vereinfacht: Wichtige Entscheidungen fallen nicht vom Himmel. Wichtige Entscheidungen werden „gemacht" und „verkörpert". Das eigentliche Beweisproblem „innerer" Vorgänge ist damit strukturell minimiert und verlagert sich bei großen Datenmengen auf ein (zunehmend technisch lösbares) Auswertungsproblem. Wenn umgekehrt massenhaft vorhandene Dokumente keine Hinweise auf eine bewusste Entscheidung gegen ein rechtlich geschütztes Interesse enthalten, spricht viel gegen einen entsprechenden Schädigungsvorsatz.

Für die Verteidigung in Wirtschaftsstrafsachen folgt hieraus eine wichtige weitere Erkenntnis: Während das Fehlen von Vorsatz als Negativtatsache schwer zu beweisen ist, können für den Willen, eine positive Entscheidung treffen zu wollen, Indizien gesammelt und zumindest mittelbare Beweise ins Feld (bzw. in die Ermittlungen ein-)

---

81 Dazu ausführlich *Maurer*, Das voluntative Element des Vorsatzes als Beweisthema vor Gericht, 2007, S. 136 ff. sowie 148 ff. dort insbesondere zu zweifelhaften (weil an der Unschuldsvermutung rüttelnden!) Ansätzen von *Freund* und diesem folgend *Frisch*.

geführt werden. Je später diese Umstände in das Verfahren eingeführt werden, umso dringlicher werden Strafverfolgungsorgane die Frage stellen, warum diese entlastenden Umstände unnötig lange in der Hinterhand gehalten wurden.

Bei den Verurteilungen wegen Untreue (!) zu Lasten des Unternehmens durch die Führung sog. schwarzer Kassen zur Ermöglichung von Auslandsbestechung im Unternehmen Siemens[82] wurde ein Schädigungsvorsatz eher fingiert, als nachgewiesen: Das Führen schwarzer Kassen führt so lange nicht zu einem Schaden, als dieses Geld nicht tatsächlich dem Unternehmen entzogen wird.[83] Die beteiligten Personen vertrauten mit zunehmendem Zeitablauf aber verstärkt darauf, dass dieser Fall nicht eintritt. Wenn Bestechung allgemeine Unternehmenspraxis war, hat sich der Einzelne „im Schwarm" verhalten. Das Bestechungsgeld wurde mit der Gewissheit verwendet, dass hierfür Aufträge mit entsprechenden Gewinnmargen erteilt werden. Darin lag dann aber keine Entscheidung „für" die Schädigung des Unternehmens. Die Ausgaben sollten im Gegenteil mehr als kompensiert werden. Das Risiko einer Vermögensabschöpfung wurde seinerzeit nicht in die Überlegungen eingestellt. Zutreffend hat sich etwa der 1. Strafsenat des Bundesgerichtshofs in einem ähnlich gelagerten Fall mit der Annahme von Untreuevorsatz im Wege der Schädigung der eigenen Partei durch

---

82 BGHSt 52, 323.
83 Gegenteilig insoweit BGHSt 52, 323 (336 Rn. 42).

IV. Strafrechtliche Folgen normativ zulässiger Entscheidungen

eine falsche Deklarierung von Spendengeldern zurückgehalten[84].

3. Insbesondere: Rechtsrat

a) Handeln nach Rechtsrat als richtige Entscheidung

In diesem Zusammenhang konsequent wäre es, auch dem Rechtsrat (z.B. im Rahmen genereller Compliance) die Vermutung für ein Bemühen um rechtskonformes Verhalten zuzugestehen:[85]

So, wie die Rechtsprechung bei wirtschaftlichen Fragen auf wirtschaftliche Beratung drängt, muss bei unklaren Rechtsfragen der Rechtsrat behandelt werden[86]. Die Sorge vor einer „gekauften" Rechtsmeinung durch Spezialisten oder die eingekaufte wirtschaftliche Expertise durch Unternehmensberater zur Legitimation bewusst kriminellen Verhaltens liegt zwar im Vorstellungsbild und Argumentationsarsenal von Behörden und Gerichten,[87] in Wirklichkeit dürfte der Missbrauch aber gering – oder zumindest nicht höher als bei anderen Gutachten – sein. Rechtlich würde sich der (Gefälligkeits)Gutachter wegen der zu-

---

84 BGHSt 56, 203.
85 Ausführlich zu den Funktionsmechanismen von Compliancesystemen in Unternehmen unten Kap. VI.
86 Sehr restriktiv insoweit EuGH (Große Kammer) v. 18.6.2013 – C-681/13 (Fall Schenker); aus der neueren Literatur etwa *Eidam,* ZStW 127 (2015), 120 (122 ff.); *Kudlich/Wittig,* ZWH 2013, 253; *Gaede,* HRRS 2013, 449.
87 Dazu schon *Koriath* Jura 1996, 113 (117 f.).

Kapitel 3: „Richtiges Entscheiden" als vorsatzloses Handeln

meist vorhandenen konkreten Kenntnis vom geplanten Sachverhalt regelmäßig der Beihilfe strafbar machen. Angesichts des wirtschaftlichen Risikos, das für den Gutachter damit einhergeht, dürfte die mit einem Gutachten verbundene Vergütung regelmäßig bei weitem zu niedrig sein. Solange tatsächlich

- seriös[88] offene Rechtsfragen diskutiert werden,
- Leistung und Gegenleistung in einem vernünftigen Verhältnis sind und
- die handwerkliche Sorgfalt[89] gewahrt wird,

sollte es gewichtiger Hinweise bedürfen, um solchen Auskünften ihre legitimierende Wirkung abzusprechen.[90] Vor allem bei Rechtsgutachten können die dortigen Differenzierungen, die angewandte Methodik und die Art der ausgesprochenen Empfehlungen durchaus die Art und das Maß des mit dem Gutachten eingeholten Vertrauens indi-

---

88 Gemeint ist damit an dieser Stelle „objektiv, hinreichend vertieft und mit Blick auf laufende Rechtsentwicklungen", vgl. *Kudlich/Wittig*, ZWH 2013, 253 (256).
89 *Kudlich/Wittig*, ZWH 2013, 253 (258f.)
90 BGH Urt. v. 24.1.2018 – 1 StR 331/17, Rn. 9 weist (im Zusammenhang mit Feststellungen zum Vorsatz hinsichtlich einer Arbeitgeberstellung nach § 266a StGB) insoweit mit Recht darauf hin, dass allein (!) der Umstand, dass eine Rechtsberatung erfolgt ist, kein hinreichendes Indiz gegen die Annahme vorsätzlichen Handelns ist. Notwendig ist, dass im Rahmen einer Hauptverhandlung zumindest ermittelt wird, was der Berater im Einzelnen vorgetragen hat. Dieser Vortrag ist dann im Spiegel weiterer deliktsrelevanter objektiver Umstände zu würdigen (vgl. BGH aaO Rn. 10).

IV. Strafrechtliche Folgen normativ zulässiger Entscheidungen

zieren. Dieser Grundsatz wird dadurch relativiert, dass der Täter sich weiter erkundigen muss, wenn er aufgrund zusätzlicher Umstände Zweifel an der Verlässlichkeit der Auskunft haben muss.[91]

b) Zur dogmatischen Behandlung irriger (Rechts)Entscheidungen

Die vorstehend entwickelten normativen Überlegungen in ein entsprechendes dogmatisches Konstrukt einzupassen,[92] ist durchaus möglich. Praktisch bedeutsam ist in erster Linie die Einordnung der irrigen Rechtseinschätzung. Das Handeln nach zutreffenden rechtlichen Vorgaben ist ohnehin tatbestandslos.

Nach der (überwiegend früher vertretenen) Vorsatztheorie würde wegen der insoweit fehlenden Entscheidung gegen das Recht der Irrtum über das Recht als Tatumstandsirrtum gem. § 16 StGB zu behandeln sein. Die Bestrafung wegen einer vorsätzlichen Straftat schiede aus.

---

91 Anschaulich dazu BGHSt 58, 15 (30 Rn. 74 ff.) mit Hinweisen zur Würdigung des prozessualen Verhaltens des Angeklagten, der sich einerseits auf anwaltlichen Rat berufen hat, aber andererseits die richterliche Überprüfung der Substanz der Auskünfte durch eine Nichtentpflichtung des Anwalts von seiner Schweigepflicht verhindert.

92 Die Anpassung der Dogmatik an die gewünschten normativen Ergebnisse (und nicht umgekehrt!) scheint wohl bei der historischen Entwicklung der herrschenden Irrtumsdogmatik tatsächlich der Weg gewesen zu sein, vgl. wiederum *Koriath,* Jura 1996, 113 (116, 121) unter Hinweis auf Welzel, v. Hippel und BGHSt 2, 194 (207).

Kapitel 3: „Richtiges Entscheiden" als vorsatzloses Handeln

Soweit das Strafgesetz für den entsprechenden Sachverhalt eine Fahrlässigkeitsstrafe kennen würde, würde sich die Frage stellen, ob bei der entsprechenden Entscheidung die vom Rechtsverkehr geforderte Sorgfalt außer Acht gelassen wurde. Bei der weiteren Konkretisierung dieser Maßstabsfigur müsste der Ausgangspunkt bei der konkreten Entscheidungssituation genommen werden.[93]

Die herrschende Gegenauffassung ordnet die „Entscheidung für das Unrecht" im Anschluss an die Grundsatzentscheidung des Großen Strafsenats aus dem Jahr 1952 und die nachfolgende Normierung von § 17 StGB dem „Unwerturteil der Schuld" zu.[94] Maßgeblich ist dann, ob der Irrtum „vermeidbar" war. Dazu stellt der Große Strafsenat vor der berühmten Forderung nach dem „Anspannen der Gewissenskräfte" auf den jeweiligen Berufskreis und entsprechende Erkundigungspflichten ab.

Der 3. Strafsenat des Bundesgerichtshofs hat im sehr viel jüngeren Fall *Mannesmann* einen differenzierenden Ansatz vertreten und darauf hingewiesen, dass sich eine sachgerechte Einordnung etwaiger Fehlvorstellungen oder -bewertungen (ergänze: beim Vorsatz oder bei der Schuld) nicht durch die schlichte Anwendung einfacher Formeln ohne Rückgriff auf wertende Kriterien und differenzierende Betrachtungen erreichen lasse.[95] Auch dieser (positiv[96])

---

93 Vgl. dazu die in Kap. 1 III. entwickelten Kategorien.
94 BGHSt 2, 194 (204 ff., 207).
95 BGHSt 50, 331 Rn. 84 mit konkretem Bezug zu § 266 StGB.
96 *Koriath,* Jura 1996, 113 (121) betont an dieser Stelle, dass die Theorien nur solange und soweit eine Rolle spielen, als ihre Ergebnisse gewollt sind und dass dies den Wert der Theorien er-

IV. Strafrechtliche Folgen normativ zulässiger Entscheidungen

pragmatische Ansatz verfehlt aber den entscheidenden Punkt. Bei konsequenter Anwendung von Vorsatz- und Schuldtheorie ist der Unterschied in der Sachbehandlung gering: Ist fahrlässiges Handeln strafbar, so hängt die Bestrafung entweder davon ab, ob der Irrtum sorgfaltswidrig (Vorsatztheorie) oder vermeidbar (Schuldtheorie) war. Ist bei dem Delikt nur die vorsätzliche Begehung strafbar, so bliebe im Bereich der Vorsatztheorie immerhin selbst bei fehlendem Vorsatz bei Begehung der Tat die Möglichkeit einer Bestrafung wegen der unterlassenen Information über die Anforderungen des Rechts an die beabsichtigte Handlung.[97]

Rechtssicherer erscheint mir der in der Literatur formulierte Sachgedanke, den Rechtsirrtum nach der Bedeutung der Verbotsnorm im strafrechtlichen Normgefüge selbst zu behandeln:[98] Ein Irrtum über zentrale Normen des Kernstrafrechts wie z.B. das Tötungsverbot, das Körperverletzungsverbot oder das Verbot sexueller Gewalt (im engere Sinn) wird in den seltensten Fällen glaubhaft sein und selbst dort, wo er glaubhaft sein mag, aus Gründen der Staatsräson nicht zu berücksichtigen sein. Bei Fragen jenseits dieses engen Kreises wird ein Irrtum umso eher

---

heblich einschränkt. Vor diesem Hintergrund erscheint es daher so vertretbar wie sachdienlich, sogleich auf die entscheidenden normativen Erwägungen zu sprechen zu kommen.

97 *Koriath,* Jura 1996, 113 (120) sowie bereits oben Kap. 2 III. 2. Die Überlegungen zum dolus liberus in causa.
98 So etwa wieder *Koriath,* Jura 1996, 113 (118) mit den Bildern des strafrechtlichen Normgefüges als einer Ansammlung konzentrischer Kreise und der verfassungsrechtlichen Sphärentheorie.

glaubhaft sein, je spezifischer das Verbot ist. Besondere Nachsicht wird dort zu verlangen sein, wo das strafrechtliche Verbot maßgeblich von außerstrafrechtlichen Vorfragen oder situationsbedingten Abwägungen bzw. Interessenslagen abhängt. Entsprechendes gilt, wenn neue und wenig konkretisierte Rechtsnormen anzuwenden sind. Gerade bei noch „offenen" Rechtsfragen kann trefflich darüber diskutiert werden, ob überhaupt ein „Irrtum" vorliegt, wenn eine sichere Vorhersage über das Recht ex ante noch gar nicht möglich ist. Insoweit wird zutreffend darauf hingewiesen, dass auf ein bedingtes oder nur potentielles Unrechtsbewusstsein ein Schuldvorwurf nicht gestützt werden darf.[99]

---

99 *Puppe*, in: FS-Rudolphi, 231 (236) mit dem Hinweis, dass die Rechtsanwendung durch die Gerichte in Zweifelsfällen gerade nicht bloße Rechtsfindung, sondern aktive Rechtssetzung ist. Dagegen aber (nach hier vertretener Auffassung unzutreffend und im Wesentlichen von Gedanken der Staatsräson getragen) BGHSt 58, 15 (31 Rn. 79) in Bezug auf eine erst zu dem Verfahren ergangenen Entscheidung des EuGH zu Fragen des Urheberrechts; dazu ebenfalls kritisch *Gaede*, HRRS 2013, 449 (455).

Kapitel 4: Vorsatz und „nicht richtige Entscheidungen" – auf dem Weg zu einer komplexen subjektiven Zurechnungslehre

Das Bemühen um eine „richtige" Entscheidung ist regelmäßig ein starkes Indiz gegen ein „bedingt vorsätzliches" Verhalten.[100] Dies erlaubt aber lange nicht den Gegenschluss, dass Entscheidungen, die diesen Anforderungen nicht genügen, regelmäßig ein strafrechtliches Unrecht billigen. In diesen Situationen muss ein dolus eventualis vielmehr über sonstige Beweiszeichen nachgewiesen werden.

I. Traditionelle Ansätze in der höchstrichterlichen Rechtsprechung

Bei der Begründung eventualvorsätzlicher Straftaten gegen Leib oder Leben hat die Rechtsprechung ein überschaubares Prüfprogramm entwickelt. Im Vordergrund steht der

---

100 Kap. 3 könnte man im Rahmen einer ausgearbeiteten subjektiven Zurechnungslehre bereits als Risikominimierung im Fall der optimalen Entscheidung bzw. als rechtlich gebilligtes Verhalten bei Einhaltung normativer Entscheidungsprogramme einstufen.

Kapitel 4: Vorsatz und „nicht richtige Entscheidungen"

Schluss von äußeren Beweiszeichen auf die innere Einstellung im Wege einer Gesamtschau[101]:

1. Auf einer ersten Ebene sollen die Gefährlichkeit der Handlung und die Angriffsweise des Täters die Billigung des Erfolgens indizieren.[102]
2. Erst auf einer zweiten Ebene werden als Gegenindikatoren Faktoren wie ein Handeln im Affekt, Alkohol, Spontanität und Unüberlegtheit, Motive und Nachtatverhalten oder (selten) eine hirnorganische Schädigung gewürdigt.[103]
3. Die traditionelle Grenze der Zurechnung ist zuletzt die wesentliche Abweichung des vorgestellten vom tatsächlichen Kausalverlauf.[104]

Jüngst in gleich drei Fällen virulent wurde die Abgrenzung von bedingt vorsätzlichem zu fahrlässigem Verhalten in der Rechtsprechung des für Verkehrsstrafsachen zuständigen 4. Strafsenats:[105] Zu beurteilen waren jeweils

---

101 Stellvertretend aus neuerer Zeit etwa BGH NStZ 2016, 211 (215).
102 Siehe etwa unter Aufgabe der sog. Hemmschwellentheorie bei Tötungsdelikten BGHSt 57, 183 (186 Rn. 36); ausführlich dazu die Analyse höchstrichterlicher Entscheidungen zum Tötungsvorsatz bei *Maurer*, Das voluntative Element des Vorsatzes als Beweisthema vor Gericht, 2007, S. 158–191.
103 Beispielhaft BGH StV 1997, 7; NStZ 2011, 338, 339; sowie NStZ-RR 2016, 204.
104 Klassisch: BGH NJW 1960, 2161 (Jauchegrube); aus jüngerer Zeit: BGH Urt. v. 3.12.2015 – 4 StR 223/15 (Scheuenenmord).
105 BGH Urteile – 4 StR 399/17, 4 StR 311/17 und 4 StR 158/17 jeweils vom 1.3.2018; dazu auch die Besprechung von *Momsen*, KriPoZ 2018, 76.

II. Zu einer wirtschaftsstrafrechtlichen subjektiven Zurechnungslehre

Verkehrsunfälle mit tödlichem Ausgang für unbeteiligte Dritte, die im Verlauf eines illegalen Autorennens bzw. aufgrund weit überhöhter Geschwindigkeit und unter grober Missachtung der Regeln des Straßenverkehrs verursacht wurden. Auch hier hebt der Senat das psychologische Verständnis des Eventualvorsatzes deutlich hervor. Als Grundlage der Vorsatzfeststellung wird eine „umfassende und sorgfältige Gesamtschau aller maßgeblichen Umstände des Einzelfalls" vorausgesetzt. Im Vordergrund steht die „Gefährdungseinschätzung" des Beteiligten. Dazu ist wesentlich, welche „konkreten Unfallszenarien" er „vor Augen hat". Der maßgebliche Zeitpunkt ist dort anzusetzen, wo der Beschuldigte das relevante Geschehen noch verhindern kann. Es genügt nicht, wenn die maßgeblichen psychologischen Vorgänge erst zu einem Zeitpunkt einsetzen, an dem eine Verursachungskette bereits „unumkehrbar in Gang gesetzt wurde".

II. Zu einer wirtschaftsstrafrechtlichen subjektiven Zurechnungslehre

Nachstehend wird zum Versuch einer subjektiven Zurechnungslehre angesetzt, die speziell Situationen wirtschaftlichen Handelns in den Blick nimmt. Die Legitimation einer derart speziell zugeschnittenen Zurechnungslehre liegt in der bereits dargestellten[106] mangelnden Leitfunktion der Rechtsprechung zu den Tötungsdelikten, Beson-

---

106 Siehe die Ausführungen unter Kap. 1 I.

Kapitel 4: Vorsatz und „nicht richtige Entscheidungen"

derheiten bei der forensischen Feststellung des subjektiven Tatbestandes und den erhöhten Risiken eines Fehlschlusses vom objektiven auf den subjektiven Tatbestand.

1. Keine Leitbildfunktion der Rechtsprechung zu den Tötungsdelikten

Die Rechtsprechung zum dolus eventualis bei Tötungsdelikten hat für das Wirtschaftsstrafrecht keine Leitfunktion.[107] Dazu sind die Sachverhalte zu unterschiedlich und die Rechtsprechung selbst ist bis heute im Schwanken.[108] Die Rechtsprechung hebt regelmäßig hervor, die Feststellung eventualvorsätzlichen Handelns im Wirtschaftsstrafrecht sei hier häufig durch „komplexe und mehrdeutige Strukturen" geprägt.[109]

Ingeborg Puppe beobachtet daher, dass das „höchste Gericht in letzter Zeit bewusst darauf verzichtet, den Tatgerichten Anhaltspunkte zu geben, welche Tatsachen relevant sind und welches Gewicht sie im Verhältnis zu anderen relevanten Tatsachen haben sollen".[110]

Rönnau betont, dass jenseits objektiver Risikofaktoren die Handlungsmotive, die Persönlichkeit sowie das Vor- und Nachtatverhalten der Akteure beachtet werden müs-

---

107 So aber *Rönnau/Becker* NStZ 2016, 569 (572, freilich selbst mit Einschränkungen S. 573).
108 Zu den neueren Entwicklungen nur *Puppe* NStZ 2016, 575 ff. und *dies.* ZIS 2015, 320 ff.
109 BGH NJW 2004, 375, 379.
110 *Puppe* NStZ 2016, 575.

II. Zu einer wirtschaftsstrafrechtlichen subjektiven Zurechnungslehre

sen[111]. Das ist trivial, scheint aber tatsächlich häufig vernachlässigt zu werden.

a) Prinzipielle Unterschiede zu wirtschaftsstrafrechtlichen Handlungssituationen

Ergänzt man dazu die Aussagen der Verhaltenspsychologie, so darf man davon ausgehen, dass das Verhalten des Beschuldigten bei der Beurteilung komplexer und mehrdeutiger tatsächlicher Strukturen durch spezielle Wahrnehmungsprozesse bestimmt wird, die auf die Bewältigung solcher Situationen ausgerichtet sind.[112] Das führt zu der Prämisse, dass dem Vorsatz regelmäßig „gefühlt bewusste Vorgänge" zugrunde liegen.[113] Fehlt es an solchen bewussten Vorgängen, spricht schon viel dafür, dass ein entsprechendes kognitives Vorsatzelement tatsächlich nicht vorlag.

b) Exkurs: Bedeutung der Differenzierung für das Strafverfahren

Auch wenn nachfolgend rechtsnormative Fragen im Vordergrund stehen, soll an dieser Stelle zunächst auf naheliegende verfahrensrechtliche Konsequenzen der Unterscheidung zwischen der Vorsatzfeststellung bei Tötungsdelikten

---

111 *Rönnau/Becker* NStZ 2016, 569, 573.
112 Siehe dazu die grundlegende Unterscheidung oben Kap. 1 III.
113 Angesprochen ist damit das oben in Kap. 1 II. geschilderte „System 2".

Kapitel 4: Vorsatz und "nicht richtige Entscheidungen"

und der bei wirtschaftsstrafrechtlichen Sachverhalten aufmerksam gemacht werden:

Die forensische Praxis der Ermittlung bzw. Feststellung von vorsätzlichem Handeln hat sich historisch in erster Linie an einfach strukturierten Sachverhalten entwickelt. Schon zur Begründung des Anfangsverdachts (§ 152 StPO) soll daher heuristisch auf das Mittel der "kriminalistischen Erfahrung" zurückgegriffen werden.[114] In der Vorstellung des Ermittlungsbeamten wird damit also ein Prozess der sog. "assoziativen Aktivierung"[115] eingeleitet, bei dem eine rechtsfeindliche Einstellung des Beschuldigten leicht unterstellt wird.

> Beispiel: Wird ein Opfer tot, mit Messer in der Brust und mehreren Stichverletzungen, aufgefunden, deutet die "kriminalistische Erfahrung" auf ein vorsätzliches Tötungsdelikt hin. Im Vordergrund steht die Frage, wer der Täter war; dass der Täter vorsätzlich gehandelt hat, folgt aus dem objektiven Befund.

In der forensischen Praxis wird umgekehrt – ebenfalls assoziativ – bei nur leichten Verletzungen des Opfers selbst bei hoch lebensgefährlichen Situationen, wie z.B. Schlägen mit harten Gegenständen auf den Kopf des Opfers, der Tötungsvorsatz regelmäßig verneint. Die "kriminalistische Erfahrung" deckt sich damit weitgehend, mit dem ersten

---

114 Stellvertretend *Schmitt*, in: Meyer-Goßner/Schmitt, StPO, 66. Aufl. 2023, § 152 Rn. 4.
115 Dazu *Kahnemann*, Schnelles Denken, langsames Denken, 1. Aufl. 2017, S. 70.

II. Zu einer wirtschaftsstrafrechtlichen subjektiven Zurechnungslehre

zentralen Ausgangspunkt der Gerichte bei der Vorsatzfeststellung.

In komplexen Situationen sog. white collar Kriminalität taugt die „kriminalistische Erfahrung" generell deutlich weniger – und häufig so gut wie nichts:

Beispiel:

a) Werden in einer Strafanzeige eine Reihe unrichtiger Unternehmensmeldungen einer börsennotierten Gesellschaft aufgeführt, könnte die „kriminalistische Erfahrung" vorschnell zum Verdacht einer Marktmanipulation führen.
b) Der Erstatter der Anzeige berichtet zusätzlich, der für die Unternehmensmeldungen verantwortliche Vorstand habe ihn bei einem Treffen noch ins Bordell einladen wollen. Die „kriminalistische Erfahrung" könnte vom Abweichen von der Gesellschaftsmoral zugleich auf kriminelle Energie schließen lassen.

Situationen wirtschaftlichen Handelns fordern von den forensisch tätigen Personen regelmäßig nicht heuristisches, sondern „langsames Denken".[116] Die rechtliche Einordnung einer Unternehmensmitteilung als „unrichtig" ist erst nach einem komplexen Bewertungsvorgang möglich. Die (angebliche) Einladung ins Bordell hat mit dem Vorwurf der Marktmanipulation nichts zu tun. Dennoch sind wir geneigt, den Vorwurf mit dieser Zusatzinformation für plausibler zu halten, weil der Besuch eines Bordells als solches sozial missbilligt wird. Die Gefahr eines Fehl-

---

116 Vgl. oben Kap. 1 II.

Kapitel 4: Vorsatz und „nicht richtige Entscheidungen"

schlusses ist umso höher, je mehr sich die ermittelnde Person durch assoziative Elemente zu einer spontanen Einschätzung verleiten lässt. Im Ermittlungsverfahren hat ein vorschneller Zugriff auf eine Situation nicht selten ausufernde und ausforschende Untersuchungen zur Folge. Eine besonnene Ermittlung würde mit der Analyse der Situation beginnen, wie Unternehmensnachrichten regelmäßig erstellt werden. Sie könnte sich dann – zumindest zunächst – auf einen Zugriff auf die interne Kommunikation zwischen Vorstand und Finanzchef der Gesellschaft im Vorfeld der Veröffentlichung der entsprechenden Unternehmensnachrichten und deren Analyse beschränken.

Beispiel: Häufig lässt sich der Vorstand verschiedene Szenarien für die Entwicklung des Unternehmens vorlegen und kommuniziert das middle case Szenario. Dazu sollte regelmäßig die interne Kommunikation im Unternehmen vorhanden sein.

Eine solche interne Kommunikation ist eine Verschriftlichung der maßgeblichen internen Gedankenprozesse. Eine transparente und tendenzfreie Kommunikation ist ein wichtiges Indiz gegen einen „Vorsatz". Anderes kann gelten, wenn interne Widerstände, etwa durch eine Weisung etc., überwunden werden. Ein weiteres Indiz kann das Unternehmensklima sein. Bei einem Unternehmensklima der Submission und des vorauseilenden Gehorsams sind interne Berichte anders zu würdigen als bei einem Unternehmensklima der offenen Diskussion. Die Strafverfolgungsbehörden unterliegen strukturell der Gefahr von

II. Zu einer wirtschaftsstrafrechtlichen subjektiven Zurechnungslehre

Rückschaufehlern und der psychologischen Überschätzung unwahrscheinlicher Ereignisse.[117]

c) Zwischenfazit

Vorsätzliches Handeln bei Delikten des Kernstrafrechts, wie z.B. der Tötung, der Körperverletzung oder der Straftaten gegen die sexuelle Selbstbestimmung, unterscheidet sich forensisch massiv von Verhaltensweisen, wie sie für gewöhnlich wirtschaftsstrafrechtlichen Ermittlungsverfahren zugrunde liegen. In der forensischen Praxis muss diesen Unterschieden hinreichend Rechnung getragen werden[118]. Dabei unterliegt die forensische Praxis erheblichen strukturellen Fehleinschätzungsrisiken. Gerade in der Rückschau wird ein Handeln nach Standardoptionen eher akzeptiert als ein Verhalten, das von Standards abweicht, und der Erfolg erscheint in der Regel „normaler" als der Misserfolg.[119]

Bittmann hält in der Diskussion um diese Problematik mit Blick auf die Rechtsprechung noch Folgendes fest:[120]

„Dass die von der Judikatur gerade für die white-collar-Kriminalität gefundenen Ergebnisse von den Beteilig-

---

117 Vgl. *Kahnemann*, Schnelles Denken, langsames Denken, 1. Aufl. 2017, S. 407.
118 Wo dies nicht der Fall ist, sollte insbesondere bei instanzgerichtlichen Urteilen Raum für eine Revision auf der Basis einer Darlegungsrüge sein.
119 *Kahnemann*, Schnelles Denken, langsames Denken, 1. Aufl. 2017, S. 429 f.
120 *Bittmann*, WiJ 2017, 76.

Kapitel 4: Vorsatz und „nicht richtige Entscheidungen"

ten unterschiedlich beurteilt werden, (...) liegt nicht nur an den unterschiedlichen Rollen der (nicht nur Verfahrens-)Beteiligten, sondern unbeschadet persönlicher Interessen eben auch daran, dass die Abgrenzung nie mit mathematischer Sicherheit erfolgen kann, sondern immer Ergebnis einer wertenden Betrachtung der für das Gericht sichtbar gewordenen konkreten Gesamtumstände ist. Da bei den Beteiligten unvermeidlich ein mehr oder weniger unterschiedlicher Kenntnisstand (zumindest in Details, manchmal aber eben auch zum Kerngeschehen) herrscht und sich ein gewisser subjektiver Einfluss auf Wertungen nicht umgehen lässt, fällt die uneinheitliche Rezeption des forensischen Geschehens nicht als Vorwurf auf die Justiz zurück: sie ist prinzipiell zwingend, nur in ihrem Grad beeinflussbar. Hinzunehmen ist dies dann, wenn sich die Richter auf ‚den Fall' einlassen und erkennbar um dessen sachgerechte Beurteilung ringen."

Prozessual seinen Ausdruck finden müsste dieses Ringen bei den Revisionsgerichten in Zurückverweisungen an die Instanzgerichte zur weiteren Sachverhaltsaufklärung[121]. Die Instanzgerichte müssten an sich den Zweifelssatz häufiger zur Anwendung bringen, als es in der veröffentlichten Entscheidungspraxis den Anschein hat.[122] Eine genaue Analyse der Rechtspraxis ist freilich schwierig, weil insoweit auch das weite Feld der Opportunitätseinstellungen einbezogen werden müsste.

---

121 Beispielhaft hierzu etwa BGH Urt. v. 24.1.2018 – 1 StR 331/17, Rn. 9.
122 Vgl. aber für eine solche Anwendung des Zweifelssatzes BGH Urt. v. 10.08.2016 – 2 StR 579/15, Rn. 51

II. Zu einer wirtschaftsstrafrechtlichen subjektiven Zurechnungslehre

2. Kein Schluss vom objektiven auf den subjektiven Tatbestand

Eine grundlegende Konsequenz der Unterscheidung zwischen einfachen und komplexen Handlungssituationen[123] ist die geringe Aussagekraft des objektiven Tatbestandes für die subjektive Einstellung der handelnden Person.

Beispiel: Jenseits von Unfällen gibt es kaum Situationen, in denen eine Person nicht vorsätzlich getötet wird; die Insolvenz eines Unternehmens ist dagegen eine Alltagssituation und per se kein Hinweis auf eine vorsätzliche Unternehmensbeerdigung.

Das vorstehende einfache Beispiel sollte intuitiv einleuchten. Die Kernaussage gilt aber erst recht für komplexe Situationen und Delikte wie etwa den Vorwurf der Untreue. Das „Maß der Pflichtverletzung"[124] ist hier für sich so wenig aussagekräftig wie die „Höhe des Risikos"[125] der Unrechtsverwirklichung. Das objektive Maß der Pflichtwidrigkeit und die subjektive Einordnung der damit verbundenen Risiken sind schlicht zweierlei. Anderes gilt erst dort, wo der Betroffene merkt, dass sich ein Risiko konkret realisiert. Auch aus der Höhe des Schadens kann kein Schluss auf den Vorsatz gezogen werden: Ein hoher Schaden ist vielleicht leichter erkennbar, wird aber kaum ohne Weiteres in Kauf genommen. Der Schluss vom ob-

---

123 Vgl. Kap. 1 III.
124 Dahingehend aber BGH NStZ 2004, 375 (380).
125 *Rönnau/Becker*, NStZ 2016, 569 (572).

jektiven auf den subjektiven Tatbestand führt also leicht in einen logischen Zirkel. Gerade diejenigen Stimmen in Literatur und Rechtsprechung, die den Tatbestand der Untreue durch das Erfordernis einer objektiv „gravierenden" Pflichtverletzung einschränken wollen,[126] müssten bei einem Schluss vom objektiven auf den subjektiven Tatbestand den Vorsatz nicht einmal mehr prüfen.

III. Systematisierung der Beweisanzeichen im Sinne einer nach Gefahrschaffung und Gefahrenrealisierung differenzierenden subjektiven Zurechnung

Will man einen Fehlschluss vom objektiven auf den subjektiven Tatbestand vermeiden, erlangen Beweisanzeichen jenseits der vertypten Tatbestandsmerkmale eine entscheidende forensische Bedeutung. Im Folgenden wird insoweit von „Beweisanzeichen auf zweiter Ebene" gesprochen.

Beweiszeichen auf zweiter Ebene sind im Wirtschaftsleben vielfältig und vielgestaltig. Rechtlich lassen sie sich jedoch für Erfolgsdelikte in einer Art und Weise systematisieren, die an die Systematik der Zurechnung im objektiven Tatbestand anknüpft: In der Sache wird daher zwischen Beweisanzeichen für/gegen das Für-Möglich-Halten

---

[126] Stellvertretend aus der Literatur etwa eingehend *Dierlamm/Becker*, in: MüKoStGB, 4. Aufl. 2020, § 266 Rn. 197 ff.; aus der Rechtsprechung BGHSt 47, 148; 47, 187 sowie aus neuerer Zeit BGH NJW 2017, 578.

III. Systematisierung der Beweisanzeichen

und Billigen einer Risiko*schaffung* und solchen für/gegen das Für-Möglich-Halten und Billigen einer Risiko*realisierung* unterschieden.[127] Bei Gefährdungsdelikten gilt dies entsprechend für Beweisanzeichen für/gegen das Für-Möglich-Halten und Billigen einer Risiko*schaffung* und solche für/gegen das Für-Möglich-Halten und Billigen eines Gefahreintritts. Der Bezug zur Lehre von der objektiven Zurechnung ist weiterhin insoweit von Belang, als Faktoren, die zwar die objektive Zurechnung nicht insgesamt ausschließen,[128] im Rahmen der subjektiven Zurechnung im Einzelfall jedoch nochmals als Beweisanzeichen gegen vorsätzliches Handeln bedeutsam werden können.

1. Beweisanzeichen für/gegen das Für-Möglich-Halten und Billigen einer Risikoschaffung

Beweisanzeichen für/gegen das Für-Möglich-Halten und Billigen einer Risikoschaffung sind im Grunde so vielfältig wie die Tatbestände an sich und die natürlichen Lebenssituationen, unter denen die Tatbestände ihre Lenkungswirkung entfalten. Gleichwohl werden nachfolgend einige für

---

127 Vgl. zur entsprechenden Unterscheidung im Rahmen der „Grundformel" der objektiven Zurechnungslehre aus der Lehrbuchliteratur stellvertretend *Wessels/Beulke/Satzger*, Strafrecht Allgemeiner Teil, 52. Aufl. 2022, Rn. 258.
128 Zu gerade in wirtschaftsstrafrechtlichen Fallkonstellationen häufiger auftretenden Zurechnungsproblemen *Mansdörfer*, in: Esser/Rübenstahl/Saliger/Tsambakis, 1. Aufl. 2017 vor § 13 StGB Rn. 49 ff. mwN.

Kapitel 4: Vorsatz und „nicht richtige Entscheidungen"

Wirtschaftsstraftaten wichtige Beweisanzeichen kategorisiert und typisiert besprochen.

a) Geplante Entscheidung gegen das rechtlich geschützte Interesse, Planungsfehlschlüsse und optimistische Verzerrungen

Soweit für das Wirtschaftsstrafrecht komplexe Handlungssituationen als grundlegende phänomenologische Kategorie ausgemacht wurden, verdient das Moment der Planung hervorgehobene Aufmerksamkeit. So wie die (selbst defizitäre) Entscheidung für das tatbestandlich geschützte Interesse eine vorsätzliche Straftat ausschließt, ist die geplante Verletzung des Tatbestandes im Wirtschaftsstrafrecht ein Paradefall vorsätzlicher Tatbestandsverwirklichung. Planungsszenarien sind häufig komplexe, aber nicht drängende Handlungssituationen.[129] Planungen beruhen auf einer Informationserhebung und -verarbeitung, die psychologisch zunächst aus einer Innensicht erfolgt. Der Plan führt im Ergebnis zu der Vorstellung einer zukünftigen Handlungsabfolge und nimmt deren Folgen vorweg. Im Rahmen der Planung werden verschiedene Handlungsalternativen abgewogen, sodass am Ende die „Entscheidung" für eine dieser Alternativen und ihre Folgen steht. Dies gilt auch für flexible Planungen, wenn diese am Ende auf ein bestimmtes Ziel im Sinne eines konkreten Gestaltungswunsches ausgerichtet sind.

---

129 Vgl. dazu die Kategorisierung oben Kap. 1 III. 3.

III. Systematisierung der Beweisanzeichen

Innerhalb der einzelnen Delikte ist das Planungserfordernis unterschiedlich stark angelegt und muss daher auch im Verfahren entsprechend klar nachgewiesen werden:

Beispiele: Schon im objektiven Tatbestand des Betruges gem. § 263 StGB ist die geplante Verletzung des Vermögensträgers strukturell angelegt. Eine Täuschung in Verbindung mit einer Bereicherungsabsicht verlangt per se einen erhöhten Planungsgrad. In der Folge ist es konsequent, im Verfahren entsprechend erhöhte Anforderungen an den Nachweis der subjektiven Tatseite zu stellen. Bei der Untreue gem. § 266 StGB ist umgekehrt kein Planungserfordernis normiert. Folglich genügt der Nachweis der Verletzung einer Vermögensbetreuungspflicht unter Hinnahme und Billigung eines Vermögensnachteils. Beim Kapitalanlagebetrug nach § 264a StGB hat der Gesetzgeber ebenfalls auf ein Planungselement verzichtet. Nachweisschwierigkeiten beim Betrugsvorsatz waren dort ein dezidiertes Motiv des Gesetzgebers für die Einführung des Tatbestandes.[130]

Die Bedeutung solcher gesetzgeberischen Differenzierungen ist dort besonders hoch, wo die Hürden an den Nachweis eines Tatplans im Rahmen der allgemeinen Lehren abgesenkt werden. Ein gemeinsamer Tatentschluss zum Betrug in Mittäterschaft gem. § 25 Abs. 2 StGB muss daher bei konsequenter Anwendung des Gesetzes auf dem in § 263 StGB normierten subjektiven Mindestniveau liegen. Absenkungen an den gemeinsamen Tatentschluss, wie et-

---

130 Beispielhaft *Hellmann*, in: NK-StGB, 6. Aufl. 2023, § 264a Rn. 3.

Kapitel 4: Vorsatz und „nicht richtige Entscheidungen"

wa die Reduktion des subjektiven Tatbestandes auf einen bloßen „Einpassungsentschluss", verlangen damit eine entsprechende Kompensation hinsichtlich des subjektiven Tatbestands im Übrigen. Wer seine Handlungen in das Handlungsmuster eines Dritten nur einpasst, plant nicht selbst. Für eine subjektive Zurechnung eines Geschehens als (mit)täterschaftlich muss dieses Defizit kompensiert werden.[131] Erst recht gilt dies dort, wo sich die Einpassungshandlung an sich als rechtlich „neutral" darstellt. Die Rechtsprechung hat (im Rahmen der Beihilfe gem. § 27 StGB) an dieser Stelle zutreffend die Nachweisanforderungen an die subjektive Tatseite angehoben und verlangt bei nicht eindeutigem objektiv deliktischem Sinnbezug eines Tatgeschehens subjektiv ein Handeln mit sicherem Wissen.[132]

Wenn und soweit geplant vorgegangen wird, ist schon beim Für-Möglich-Halten und Billigen einer Risikoschaffung (aber auch einer Risikorealisierung) häufig eine weitere Prüfung des Plans auf sog. Planungsfehlschlüsse und optimistische Verzerrungen geboten: Für die Beurteilung eines Planes und seiner Realisierungschancen dominant sind regelmäßig eigene Erfahrungen. Unbekanntes und Unwahrscheinliches wird oft nicht einkalkuliert, obwohl bei einem Großprojekt die Wahrscheinlichkeit, dass „ir-

---

131 Vgl. in diesem Zusammenhang auch BGH Beschl. v. 14.11.2012 – 3 StR 403/12 mit deutlichen Schranken gegenüber einer pauschalierenden und undifferenzierten Beweiswürdigung; auf dieser Linie auch BGH Urt. v. 12.10.2016 – 5 StR 134/15.
132 Stellvertretend BGHSt 46, 107 (110 ff.).

gendetwas" schiefgehen wird, groß ist.[133] Die Verhaltenspsychologie schreibt selbst klaren externen Hinweisen auf Risiken im Wettstreit mit eigenen Erfahrungen nur eine geringe psychische Wirkung zu. *Kahnemann* spitzt dies wie folgt zu: Im Wettstreit mit der Innensicht hat die Außensicht keine Chance.[134]

Beispiel: Beim Einwerben von Geschäftskapital oder bei der Fortführung eines Unternehmens bei wirtschaftlichen Schwierigkeiten stellt sich regelmäßig die Frage, ob ein späterer Verlust von Beginn an geplant war oder doch „unerwartet" eingetreten ist. Ebenso regelmäßig unterscheiden sich die Außensicht der Strafverfolgungsbehörden und die Innensicht des Unternehmers. Aus Sicht der Strafverfolgungsbehörden lag von Beginn an ein nicht tragfähiges Geschäftsmodell vor, während der handelnde Unternehmer im selben Sachverhalt nur alltägliche Risiken erkennt, wie sie jeder Unternehmung immanent sind.

Die Rechtsprechung verarbeitet diese Differenz zwischen Innen- und Außensicht bislang zu wenig: Im Insolvenzfall wenden Eigentümergeschäftsführer oft noch eigene finanzielle Mittel auf, um eine Unternehmenskrise abzuwenden. Solche Nachschüsse mögen objektiv irrational sein. In der Sache liegt es nahe, dass hier über die vor-

---

133 Im Zusammenhang mit Plänen und Prognosen *Kahnemann*, Schnelles Denken, langsames Denken, 1. Aufl. 2017, S. 306.
134 *Kahnemann*, Schnelles Denken, langsames Denken, 1. Aufl. 2017, S. 308.

Kapitel 4: Vorsatz und „nicht richtige Entscheidungen"

genannte Differenz zwischen Innen- und Außenansicht hinaus eine psychische Ausnahmesituation vorliegt und sich der Betroffene nicht mit der sich abzeichnenden wirtschaftlichen Situation „abfinden will". Hinzu kommt die psychische Disposition, geringe Wahrscheinlichkeiten bei Entscheidungen übergewichtig zu berücksichtigen,[135] sowie Faktoren wie emotionale Erregung und optimistische Verzerrungen.[136] Dies alles geschieht oft unkontrolliert und automatisch (System 1), sodass die Wahrnehmung der Gesamtsituation im Ergebnis erheblichen kognitiven Verzerrungen unterliegen kann. Normativ hat der Gesetzgeber auf diese Situation reagiert und in § 15a Abs. 5 InsO den „fahrlässig" verspäteten Insolvenzantrag unter Strafe gestellt. Zu gefährlichen Fehlschlüssen kann das Indiz des wirtschaftlichen Eigennutzes aber dort führen, wo der Akteur in einer Krise vorsichtig handelt. Ein Handeln mit gebotener Vorsicht kann hier leicht zu einem schnellen Folgeschluss auf bedingten Vorsatz verleiten:

Beispiel: Nach einem schweren Unfall des Fremdgeschäftsführers reduziert der Eigentümer aus Vorsicht seine Kreditzusage gegenüber dem Unternehmen. In der Folge muss das Unternehmen tatsächlich Insolvenz anmelden. Die Reduzierung der Kreditzusage wird als wesentliches Indiz behandelt, dass der Eigentümer bereits zu diesem Zeitpunkt von der drohenden Insolvenz

---

135 *Kahnemann*, Schnelles Denken, langsames Denken, 1. Aufl. 2017, S. 383, 387 sog. Möglichkeitseffekt.
136 *Kahnemann*, Schnelles Denken, langsames Denken, 1. Aufl. 2017, S. 397, 400.

wusste und (als faktischer Geschäftsführer) zur Stellung des Insolvenzantrages verpflichtet war. Tatsächlich hängt das Handeln aus Vorsicht angesichts der ersten Krisensituation, „Unfall des Geschäftsführers", aber nur stark vermittelt mit der zweiten Krisensituation, „Zahlungsfähigkeit des Unternehmens", zusammen.

b) Expertengutachten und Checklisten

Sowohl der Einsatz von Expertengutachten[137] also auch die Anwendung von Checklisten und einfachen Regeln sind wichtige Anhaltspunkte gegen die Billigung von Risiken und ihrer Realisierung. Eine Gleichbehandlung von Expertengutachten und Checkliste scheint auf den ersten Blick paradox. Der Erwerb von Expertise bei komplexen Aufgaben ist langwierig, mühsam und in der Anwendung auf den konkreten Sachverhalt schwierig.[138] Checklisten und einfache Regeln sollen komplexe Sachverhalte vereinfachen und anhand von einigen wesentlichen Merkmalen mit hoher Wahrscheinlichkeit zutreffende Handlungsanweisungen liefern.

---

137 Unterstellt werden an dieser Stelle methodisch einwandfrei durchgeführte Gutachten, sodass die Problematik der „Gefälligkeitsgutachten" hier nicht virulent wird.
138 *Kahnemann*, Schnelles Denken, langsames Denken, 1. Aufl. 2017, S. 294 kalkuliert am Beispiel des „Schachspiels" mit 10.000 Stunden Übung bzw. über 6 Jahre fünf Stunden tägliche Übung; die Berufung eines Studienanfängers zum Hochschullehrer dauert in Deutschland im Schnitt ca. 20 Jahre.

Kapitel 4: Vorsatz und „nicht richtige Entscheidungen"

Beispiel: Wenn der Aufsichtsrat bei der Beurteilung eines Geschäfts „schulmäßig" Fragenkataloge aus der Fachliteratur abprüft, so ist das ein wichtiges Indiz gegen die Billigung eines Fehlverhaltens seitens des Vorstands. Ein gleichermaßen gewichtiges Indiz gegen die Billigung eines unredlichen Verhaltens liegt vor, wenn der Aufsichtsrat die Validität eines Geschäfts durch einen Gutachter prüfen lässt. In der Praxis ist dieser Gutachter häufig der Wirtschaftsprüfer mit seinen im Einzelfall erteilten Testaten.

Entscheidend ist in beiden Fällen, in welchem Umfeld die Expertise bzw. die Checkliste angewendet werden. Situationen mit robusten statistischen Regelmäßigkeiten erlauben gleichermaßen gute Prognosen auf Expertenwissen wie auf der Basis von Checklisten und Algorithmen. Bei Umgebungen mit fehlender oder geringer prognostischer Aussagekraft ist die Aussagekraft von Expertengutachten und Algorithmen umgekehrt ähnlich gering.[139] Der Vorzug des Expertengutachtens ist folglich im Grunde darin zu sehen, dass der Experte eine Aussage (auch) über die Validität der Umgebung treffen kann. Der Vorzug von Checklisten besteht umgekehrt darin, dass ohne standardisierte Verfahren typische Gefahrenzeichen oft übersehen werden.[140]

---

[139] Zum Kriterium der „Validität der Umgebung" *Kahnemann*, Schnelles Denken, langsames Denken, 1. Aufl. 2017, S. 295 ff.
[140] *Kahnemann*, Schnelles Denken, langsames Denken, 1. Aufl. 2017, S. 280.

III. Systematisierung der Beweisanzeichen

c) Verlustaversionen und Verharren beim status quo

Zu ökonomischen Wahlhandlungen postulieren in den Wirtschaftswissenschaften die Vertreter der sog. neuen Erwartungstheorie, dass Nachteile eines Situationswechsels subjektiv stärker gewichtet werden als seine Vorteile. Rein tatsächlich begünstigt das ein Verharren beim status quo.[141] Für die Bewältigung strafrechtlicher Vorsatzfragen bietet dieser Ansatz wichtige Erklärungsmuster für Verhaltensweisen im Einzelfall:

Verlustaversionen und Besitztumseffekte sind naheliegende psychologische Phänomene, die etwa bei Insolvenzdelikten, wie z.B. dem verspäteten Insolvenzantrag, zuwartendes Verhalten erklären können. Dieselben Effekte werden wirksam, wenn Unternehmen neu geordnet und umstrukturiert werden.[142] Gerade dort, wo bei der Neuordnung von Unternehmen gleichwohl in Teilbereichen an bewährten Strukturen festgehalten wird, kann dies ein Beleg für grundsätzlich risikoaverses und damit vorsatzloses Handeln sein.

Beispiel: Bei der Ausgliederung eines als kommunalen Eigenbetriebes geführten Krankenhauses in eine kommunale GmbH wird die Abwicklung des Zahlungsverkehrs über die städtische Kämmerei beibehalten. Im

---

141 *Kahnemann*, Schnelles Denken, langsames Denken, 1. Aufl. 2017, S. 356 ff., 359; nach *Thaler/Sunstein*, Nudge, 2008, S. 170 hassen Menschen Verluste doppelt so sehr, wie sie sich über Gewinne freuen.
142 Vgl. *Kahnemann*, Schnelles Denken, langsames Denken, 1. Aufl. 2017, S. 375, 425 f.

Kapitel 4: Vorsatz und „nicht richtige Entscheidungen"

Vordergrund steht der Vorteil geringer Refinanzierungskosten durch das kommunale Cash-Pooling. Die neue Gefahr, dass der Zahlungsverkehr einer formal eigenständigen Rechtspersönlichkeit über die städtische Kasse abgewickelt wird und diese Rechtsperson faktisch einen Zugriff auf die städtische Kasse erlangt, wird dagegen vernachlässigt oder überhaupt nicht erkannt.

Bei routinemäßigen Handelsgeschäften spielen Verlustaversionen umgekehrt kaum eine Rolle.[143] In diesen Fällen beinhaltet der Handel den Austausch von Geld und Gütern. Der Marktpreis gewährleistet grundsätzlich eine hinreichende Vermögensbalance. Die Marktmechanismen und Wertverhältnisse müssen nur dort überprüft werden, wo ein Gut für die handelnde Person einen spezifischen Gebrauchswert besitzt.[144]

d) Risikostrategien

Insbesondere bei Investitionsentscheidungen kann die Billigung von Verlusten im Einzelfall Teil einer übergeordneten Risikostrategie sein. Die Risikostrategie kann als breiter Rahmen verstanden werden, in die ein Handeln eingebettet ist. Die Billigung eines Verlustes im Einzelfall muss dabei nicht mit der Billigung eines wirtschaftlichen Nachteils in der Ergebnisrechnung einhergehen.

---

143 *Kahnemann*, Schnelles Denken, langsames Denken, 1. Aufl. 2017, S. 362.
144 *Kahnemann*, Schnelles Denken, langsames Denken, 1. Aufl. 2017, S. 364.

Beispiel: Der Vorstand eines Mischkonzerns akzeptiert Verluste in einer Konzernsparte, weil er der Auffassung ist, diese Verluste mit den Gewinnen anderer Sparten auffangen zu können. Die Risikostrategie des Vorstands besteht darin, den Konzern über seine verschiedenen Geschäftsfelder breit aufzustellen und damit insgesamt weniger krisenanfällig zu sein.

Eine gesteigerte Bedeutung erlangt die Idee der Risikostrategie bei der Frage der Risikorealisierung bzw. genauer bei der Frage der Vermeidung der Realisierung eines abstrakt geschaffenen Risikos durch eine nachträgliche Risikosteuerung.[145] Normativ hat dies zur Folge, dass die prozessuale Tat die gesamte Risikostrategie erfassen muss und der zur Beurteilung stehende Sachverhalt nicht zu eng gefasst werden darf.

e) Transparenz und Verfahren

Die Bedeutung von Transparenz und Verfahren heben Gesetzgeber und Rechtsprechung traditionell bei Korruptions- und Untreuedelikten hervor.[146] Die Strafbarkeit wegen Vorteilsnahme ist daher gem. § 331 Abs. 3 StGB ausgeschlossen, wenn die zuständige Behörde die Zuwendung eines Vorteils an einen Amtsträger im Rahmen ihrer Befugnisse genehmigt.

---

145 Näher dazu unten bei 2. b.
146 Aus der Rechtsprechung beispielhaft BGHSt 47, 187 (SSV Reutlingen); daran anschließend etwa LG Essen Urt. v. 14.11.2014 – 35 KLs 14/13 (Middelhoff).

Kapitel 4: Vorsatz und „nicht richtige Entscheidungen"

Auch jenseits der Korruptionsdelikte sind Transparenz und das Einhalten von vorgegebenen Verfahren wesentliche Beweisanzeichen gegen vorsätzlich strafbares Verhalten. Zwar sind Straftaten nicht per se „heimliches Tun", der vorsätzlich planende Täter wird aber häufig um die Verdeckung seines Tuns bemüht sein.

f) Compliancesysteme

Weitere Indizien gegen einen Eventualvorsatz können sich aus in Unternehmen eingerichteten und funktionierenden Compliancesystemen ergeben.[147] Hinweise für eine funktionierende Compliance sind etwa,

- die nachgewiesene Entdeckung von rechtlich missbilligten Risiken oder tatbestandsmäßigem Verhalten in der Vergangenheit,
- die freie und vom Management ungehinderte Beseitigung solcher Risiken und
- die freie Gestaltung der Complianceprüfungen.

Lassen sich diese Elemente nachweisen, spricht viel für eine aufrichtige strafrechtliche Null-Toleranz-Politik der Unternehmensführung.[148] Der Eintritt des konkreten Vorfalls ist dagegen ein für die Beurteilung des Compliancesystems ambivalentes Indiz. Der Schluss, ein strafrechtlicher Vorfall spreche gegen die Wirksamkeit des Compliancemanagements, greift zu kurz. Auch die perfekte

---

147 Etwa nach IDW PS 980 u.a.
148 Ähnlich *Rönnau/Becker*, NStZ 2016, 569 (574).

III. Systematisierung der Beweisanzeichen

Compliance ist stets nur ein Teil einer umfassenden Unternehmenskultur und kann die Begehung von betriebsbezogenen Straftaten nicht gänzlich verhindern. Compliance kann lediglich normgetreues Verhalten fördern und Entdeckungsrisiken erhöhen. Wenn Straftaten also im Zuge von internen Ermittlungen und Compliancemaßnahmen aufgedeckt werden, so kann das ein Zeichen funktionierender Selbstreinigung sein.

Beispiel: Zur Bedeutung eines Compliancemanagementsystems bei der Beurteilung der subjektiven Tatseite hat das Bundesministerium der Finanzen Stellung genommen.[149] Dort heißt es: „Hat der Steuerpflichtige ein innerbetriebliches Kontrollsystem eingerichtet, das der Erfüllung steuerlicher Pflichten dient, kann dies ggf. ein Indiz darstellen, das gegen das Vorliegen eines Vorsatzes oder der Leichtfertigkeit sprechen kann, jedoch befreit dies nicht von einer Prüfung des jeweiligen Einzelfalls."

Das BMF verbindet mit der Einrichtung eines Compliancesystems in einem Unternehmen also durchaus eine positive Erwartung und sieht darin – wie hier vorgeschlagen – ein „Indiz (...) gegen das Vorliegen von Vorsatz". Zutreffend wird weiter auf den Einzelfall verwiesen. Eine positive Erwartung kann durchaus erschüttert werden, wenn – wie man im Zusammenhang mit VW-Dieselgate hört – die Unternehmensleitung Mitarbeitern unrealistische Zielvorgaben stellt und interne Kritik unterdrückt.[150] Für vor-

---

149 BMF-Schreiben vom 23.05.2016, BStBl. I 2016, S. 490 Tz. 2.6.
150 Auch insoweit ähnlich *Rönnau/Becker*, NStZ 2016, 569 (574).

Kapitel 4: Vorsatz und „nicht richtige Entscheidungen"

sätzliches Handeln sprechen auch Hinweise darauf, dass Compliancesysteme in Teilbereichen bewusst umgangen und etwa mit falschen Informationen versorgt wurden. Solche Umstände sprechen sogar für ein direkt vorsätzliches Handeln (gerade) des engsten Kerns der Unternehmensführung, weil Compliance genau dort verankert ist.

2. Beweisanzeichen für/gegen das Für-Möglich-Halten und Billigen einer Risikorealisierung

Während die vorstehend besprochenen Einzelkriterien gewichtige Anzeichen schon für/gegen das Für-Möglich-Halten und Billigen einer rechtlich missbilligten Risiko*schaffung* darstellen, sollen nachfolgend Beweisanzeichen erörtert werden, die auch, bzw. in erster Linie, die Billigung der Risiko*realisierung* betreffen.

a) Handeln nach Heuristiken und Intuition

Trotz aller Bemühungen um abwägendes rationales Verhalten werden Managemententscheidungen schlussendlich häufig intuitiv getroffen.[151] Ein Handeln nach Heuristiken, die die Gefahr für ein Rechtsgut als wenig wahrscheinlich darstellen, ist ein erstes derartiges Beweiszeichen gegen die Billigung einer Risikorealisierung.[152]

---

151 Vgl. die Statistiken bei *Gigerenzer*, Risiko, 1. Aufl. 2020, S. 148 ff.
152 Dazu bereits oben Kap. 3 III. 3.

III. Systematisierung der Beweisanzeichen

Zur Verteidigung von Intuition und Heuristiken wird angeführt, dass sich Ungewissheiten (anders als bekannte Risiken) nicht mit Logik und Berechnung bewältigen lassen.[153] Im besten Fall lässt sich durch Aufzeichnungen etc. nachweisen, welche Kriterien ein Akteur vor seiner Entscheidung abgefragt und wie er diese eingestuft hat. Ein Handeln nach den sich aus der Heuristik ergebenden Empfehlungen spricht regelmäßig gegen die Billigung negativer Handlungsfolgen. Eine umgekehrte Beurteilung liegt nahe, wenn heuristische Kriterien abgefragt werden und eine Handlung dann gegen die sich hieraus ergebende Verhaltensempfehlung erfolgt. In einem solchen Fall (Handeln gegen eine Empfehlung auf der Basis einer Heuristik) werden regelmäßig starke Gegenindikatoren vorliegen und plausibel gemacht werden müssen.

Inhaltlich liegt jeweils eine komplexe Handlungssituation vor, die, selbst wenn letztlich intuitiv entschieden wird, überlegtes Handeln voraussetzt (System 2). Dem Akteur sollte es daher möglich sein, sein Verhalten auch ex post zu plausibilisieren. Untersuchungen zeigen, dass man sich etwa bei Gruppenentscheidungen mit Intuitionen, die man nicht erklären kann, in der Regel nicht durchsetzen kann.[154] Erklärungen werden also auch bei Entscheidungen auf der Basis von Intuition und Heuristiken erwartet, sodass substanzlose Verweise auf heuristisch geprägte Entscheidungen im Einzelfall durchaus als Schutzbehauptung entlarvt werden können.

---

153 *Gigerenzer*, Risiko, 1. Aufl. 2020, S. 146 f.
154 Vgl. *Gigerenzer*, Risiko, 1. Aufl. 2020, S. 150.

Kapitel 4: Vorsatz und „nicht richtige Entscheidungen"

b) Risikomanagement, Emotionalität, Kontrollillusionen und Übergewichtung geringer Wahrscheinlichkeiten

Ein plausibler Schluss vom eingegangen Risiko auf die Akzeptanz der Realisierung des Risikos ist grundsätzlich nicht möglich.

Tatsächlich bestehen hinsichtlich der Beurteilung des objektiven Verbots von Risiken und der subjektiven Wahrnehmung von Risiken und ihrer Realisierung unterschiedliche Parameter. Objektiv ist (jedenfalls die kontinentale) Rechtsordnung von einem recht starken Vorsichtsprinzip geprägt.[155] Danach ist schon seit *Ulpian* (neminem laedere, 2. Jahrhundert nach Christus) jede Handlung verboten, die eine andere Person schädigen kann. Für die subjektive Wahrnehmung eines Risikos und seiner Realisierung sind dagegen sehr viel stärker die konkrete Art und Weise des Managements des einschlägigen Risikos und die persönliche Disposition von Bedeutung. Eine langjährige Praxis ohne besondere Vorfälle und das Hineinwachsen in soziale Rollen begründen subjektive Sicherheitsgefühle bis hin zu einer individuellen Risikogewöhnung. Dies wird auch in der Rechtsprechung des Bundesgerichtshofs anerkannt. Das Gericht macht sogar dort Zugeständnisse, wo die der Risikogewöhnung zugrunde liegenden Handlungen selbst Strafbarkeitsrisiken beinhalten.[156] Entsprechen-

---

155 Dazu aus Sicht der Verhaltenspsychologie *Kahnemann*, Schnelles Denken, langsames Denken, 1. Aufl. 2017, S. 432 ff.
156 Vgl. BGHSt 51, 100 (Kanther): Der Fall zeichnet sich dadurch aus, dass „über einen langen Zeitraum belegt ist, dass die Täter angesichts des über fast zwei Jahrzehnte erfolgreich funktionie-

III. Systematisierung der Beweisanzeichen

de Sicherheitsgefühle begründet die Annahme, Risiken z.B. durch ein *internes Qualitätsmanagement* steuern oder durch *externe Kontrollmechanismen* oder mechanische Sicherheitssysteme beherrschen zu können. Die Rolle des Zufalls wird konsequent vernachlässigt, sodass sich leicht Kontrollillusionen einstellen können.[157]

Eine gegenteilige Einschätzung liegt nach BGHSt 47, 148 dann nahe, wenn „nach Kenntnis der handelnden Person ein ‚extrem hohes', ‚nicht abschätzbares' und ‚unbeherrschbares' Risiko eingegangen wird, das zu einer konkreten ‚höchsten Gefährdung' des rechtlich geschützten Interesses führt".[158] Bemerkenswert ist an dieser Passage die dreifache Einschränkung

- ‚extrem hoch',
- ‚nicht abschätzbar' und
- ‚unbeherrschbar'.

Die Aufzählung erscheint auf den ersten Blick als Pleonasmus. Dieser erste Eindruck täuscht aber. Tatsächlich werden drei ganz unterschiedliche Aspekte angesprochen: Die Höhe des Risikos betrifft die Eintrittswahrscheinlichkeit,

---

renden Verschleierungssystems ernsthaft und nicht nur vage darauf vertrauten, dass die Geheimkonten unentdeckt blieben, und daher bei der Erstellung der falschen Rechenschaftsberichte zwar eine (konkrete) Vermögensgefährdung als notwendige Folge ihres Handelns in Kauf nahmen, eine Realisierung dieser Gefahr jedoch unter allen Umständen vermeiden wollten und keinesfalls billigten".

157 *Kahnemann*, Schnelles Denken, langsames Denken, 1. Aufl. 2017, S. 320.
158 Vgl. BGHSt 47, 148 (155).

Kapitel 4: Vorsatz und „nicht richtige Entscheidungen"

die Abschätzbarkeit des Risikos zielt auf Prognosemöglichkeiten ab und mit der Beherrschbarkeit ist die Steuerbarkeit des Risikos angesprochen. Ein Handeln trotz erkannter, extrem hoher Eintrittswahrscheinlichkeit bei fehlender Steuerbarkeit grenzt damit an Fatalismus, den das Recht mit guten Gründen aussteuert.

Von einem nicht hinnehmbaren Fatalismus abzugrenzen ist Risikofreude in der Verlustzone. Letztere führt dazu, Verluste (z.B. in einer Kapitalanlage oder bei einer Investition) so lange nicht zu verringern, wie noch eine Chance besteht, die Gewinnschwelle zu erreichen bzw. zum Scheitern verurteilte Projekte erst spät aufzugeben.[159] Tatsächlich liegt in diesen Fällen (regelmäßig nicht strafwürdiges) irrationales Verhalten vor. Gründe für diese Irrationalitäten sind das Zusammenwirken optimistischer Verzerrungen mit der psychologischen Übergewichtung geringer Wahrscheinlichkeiten. Die Steigerung des Einsatzes bei zum Scheitern verurteilten Projekten liegt subjektiv gerade bei dem Manager, der sich mit seinem Projekt identifiziert, besonders nahe. Er ist durch seine frühere Entscheidung belastet und daher verstärkt anfällig für Fehlschlüsse aus den vorangegangenen versunkenen Kosten. In der Folge werden Projekte oft zu spät aufgegeben.

Die vorstehenden kursorischen Ausführungen zeigen, dass die Feststellungen zum psychologischen Substrat des strafrechtlichen Vorsatzes bei komplexen und überkom-

---

159 Angesprochen ist wiederum der sog. Möglichkeitseffekt, vgl. *Kahnemann*, Schnelles Denken, langsames Denken, 1. Aufl. 2017, S. 390 ff., 400.

III. Systematisierung der Beweisanzeichen

plexen Entscheidungssituationen[160] in der Regel entsprechend komplexe Feststellungen erfordern. Die genannten Aspekte sind dabei die vielleicht wichtigsten, keinesfalls aber einzigen Aspekte, die sich bei einer entsprechenden Prüfung aufdrängen. Weitere wichtige Parameter sind regelmäßig der allgemeine äußere Rahmen, in dem die konkrete Entscheidung getroffen wurde,[161] und die grundlegende Persönlichkeitsstruktur. Hochoptimistische Führungskräfte gehen häufiger höhere Risiken ein als weniger optimistische Personen. Der Faktor, dass die entsprechenden Personen mit Fremd- und nicht mit Eigenkapital handeln, dürfte psychologisch von geringerer Bedeutung sein als angenommen.[162] Andere Faktoren, die insoweit stärker berücksichtigt werden müssen, sind die Vernachlässigung von Konkurrenz[163] oder ein verringertes allgemeines Risikobewusstsein[164].

---

160 Vgl. oben Kap. 1 III. 2.–4.
161 Auch insoweit aus Perspektive der Verhaltenspsychologie *Kahnemann*, Schnelles Denken, langsames Denken, 1. Aufl. 2017, S. 440 ff., 447 ff.
162 *Kahnemann*, Schnelles Denken, langsames Denken, 1. Aufl. 2017, S. 318 f. mit dem Hinweis, dass etwa Vorstände von Aktiengesellschaften häufig mit Eigenkapital oder Wertpapieren an den Gesellschaften beteiligt sind; siehe aber auch die Beobachtungen von *Gigerenzer*, Risiko, 1. Aufl. 2020, S. 153, 156 zum Entscheidungsverhalten in Großunternehmen und Familienunternehmen.
163 *Kahnemann*, Schnelles Denken, langsames Denken, 1. Aufl. 2017, S. 322 ff.
164 *Kahnemann*, Schnelles Denken, langsames Denken, 1. Aufl. 2017, S. 316 ff., 325 ff.

Kapitel 4: Vorsatz und „nicht richtige Entscheidungen"

c) Arbeitsteilung und Ressortzuständigkeiten

Jenseits der genannten personalen Gründe werden Risikobewusstsein und -steuerung erheblich durch organisatorische Umstände beeinflusst.

Dies gilt insbesondere dann, wenn Risikoschaffung und Risikosteuerung *arbeitsteilig* auf verschiedene Personen oder Funktionsträger aufgeteilt sind. Ein Beispiel sind Vorstands- oder Aufsichtsgremien. Selbst wenn objektiv Anzeichen vorhanden sind, die an sich die Gesamtverantwortung jedes einzelnen Gremienmitglieds begründen, bestimmt sich der Vorsatz individuell für jede Person getrennt nach ihrer persönlichen Situation und Einschätzung. Verallgemeinert können spezifische Ressortzuständigkeiten dazu führen, dass der Blickwinkel der handelnden Personen insgesamt begrenzt bleibt und Risikodimensionen, selbst wenn sie aus der ex post Perspektive auf der Hand liegen, nicht erkannt werden.

d) Dazwischentreten Dritter und Zeitraum zwischen
   Risikoschaffung und Risikorealisierung

Erhöhte Vorsicht bei der Annahme von vorsätzlichem Verhalten ist überall dort angezeigt, wo sich an das primäre Handeln weitere rechtswidrige oder selbst nur fehlerhafte Verhaltensweisen Dritter anschließen.

Bereits die objektive Zurechnung ist ausgeschlossen, wenn sich im Erfolg ein „anderes" als das geschaffene Risiko realisiert. Die subjektive Zurechnung kann bereits ausgeschlossen sein, wenn ein Risiko in seiner Dimension oder Art wesentlich modifiziert wird.[165] Ein bislang ebenfalls noch wenig untersuchter Faktor ist die Dauer zwischen Risikoschaffung und Realisierung. Je größer die Zeiträume zwischen Risikoschaffung und Risikorealisierung, desto eher ist es denkbar, dass die Realisierung des Risikos insgesamt als geringer eingeschätzt oder ausgeblendet, jedenfalls aber nicht gebilligt wird.

e) Unterbrechung des Pflichtwidrigkeitszusammenhangs

Eine weitere Parallele zwischen objektiver und subjektiver Zurechnung findet sich bei der Unterbrechung der Zurechnung aufgrund eines fehlenden Pflichtwidrigkeitszusammenhangs.

In der Sache vollzieht die Rechtsprechung diese Wertung etwa bei der Frage nach, ob einem Akteur (im Rahmen von § 17 StGB) ein Verbotsirrtum bereits dann vorgeworfen wird, wenn er bei Zweifeln über die Rechtmäßigkeit die ihm obliegende Rechtserforschungspflicht nicht erfüllt hat.[166] Im Unterschied zu früheren Entscheidungen[167] fehlt es nach der neueren Rechtsprechung[168] an einer strafrechtlich relevanten Entscheidung gegen

---

165 Vgl. schon BGHSt 7, 325, 329.
166 Zur „Entscheidung" bei rechtlichen Zweifeln und Handeln auf der Basis von Rechtsrat bereits ausführlich oben Kap. 3 IV. 3.
167 BGHSt 21, 18 (21); BayObLG NJW 1960, 504, 1340; OLG Koblenz NJW 1965, 1926; OLG Köln NJW 1974, 1830, 1831.
168 BGHSt 37, 55 (67); BayObLG NJW 1989, 1744; KG Berlin NStZ 1990, 185, 186, siehe aber dagegen BGHSt 58, 15 (30 Rn. 74 ff.).

Kapitel 4: Vorsatz und „nicht richtige Entscheidungen"

ein (straf-)rechtlich geschütztes Interesse, wenn dem Akteur in einem hypothetisch gestellten pflichtgemäßen Auskunftsersuchen sein Verhalten als erlaubt attestiert worden wäre.

Beispiel: X hat die rechtliche Zulässigkeit seines Handelns, das wesentlich von außerstrafrechtlichen verwaltungs- und europarechtlichen Vorfragen abhängt, durch Gutachten und Ergänzungsgutachten des G prüfen lassen. Die Rechtslage nach einer weiteren verwaltungsgerichtlichen Entscheidung wird nicht mehr geprüft. Die Strafgerichte gelangen zu der Überzeugung, dass diese weitere verwaltungsgerichtliche Entscheidung dazu führt, das Verhalten als strafbar einzuordnen. G betont als Zeuge, dass er – seine Befragung unterstellt – dieser weiteren Entscheidung keine entsprechende Bedeutung zugemessen hätte. X ist für seine Entscheidung wegen eines unvermeidbaren Verbotsirrtums (h.M.[169]) nicht strafbar.

Schwierigkeiten ergeben sich, wenn der Akteur anders als in dem vorstehenden Beispiel zuvor keinen konkreten Rechtsrat eingeholt und die hypothetische Auskunftsperson daher nicht konkret namhaft gemacht werden kann.[170] Der Vorschlag zur Behandlung dieser Sachverhalte geht dahin, eine „sachkundige und gewissenhafte Auskunftsperson" zu fingieren. In der Sache werden damit in du-

---

[169] *Puppe*, in: FS-Rudolphi, 231 (238) weist zutreffend darauf hin, dass man sich über noch nicht entschiedene Rechtsfragen im Grunde auch nicht irren kann.

[170] Näher dazu bereits *Puppe*, in: FS-Rudolphi, 231 (237).

bio pro libertate Handlungsspielräume eröffnet, die wirtschaftliches Handeln (rechts)sicherer machen und hinreichend rechtsverträglich sind.

Kapitel 5: Die „unterbliebene" und die „vermiedene" Entscheidung

Eine dritte und letzte Kategorie neben der richtigen bzw. nicht richtigen Entscheidung bildet die „positiv nicht feststellbare" Entscheidung. Praktisch sind durchaus unterschiedliche Gründe denkbar, warum eine Entscheidung ausgeblieben sein kann:

Eine nicht unwesentliche Untergruppe sind Sachverhalte, in denen die Notwendigkeit oder der Bedarf einer Entscheidung trotz guten Willens nicht erkannt wurde. Beispiele sind unerkannte Folgewirkungen einer Handlung. Hier spricht Vieles dafür, dolus eventualis regelmäßig zu verneinen und stattdessen einen Fahrlässigkeitsvorwurf zu erheben.

Beispiel: Im Rahmen einer betrieblichen Restrukturierungsmaßnahme wird übersehen, dass mit der Versetzung eines Mitarbeiters wichtige Kompetenz im Risikomanagement verloren geht. In der Folge realisiert sich ein Produktrisiko, das in der Vergangenheit regelmäßig rechtzeitig erkannt und beseitigt worden war.

Eine davon zu trennende, komplexere Fallgruppe bilden Sachverhalte, in denen Entscheidungen bewusst vermieden werden. Im anglo-amerikanischen Common Law werden die entsprechenden Fallgruppen unter dem Stichwort „willful blindness" diskutiert. Da die Begrifflichkeit der „willentlichen Blindheit" negativ konnotiert ist, ist der Weg zur Annahme eventualvorsätzlichen Handelns nicht weit. Der Begriff „Willentlichkeit" nimmt die Diskussion um das voluntative Element des Vorsatzes an sich vorweg und provoziert einen Zirkelschluss.[171] Um die Gefahr eines solchen Fehlschlusses zu verringern, ist an sich der neutrale, in der Risikopsychologie gewählte Begriff „deliberate ignorance" vorzugswürdig.[172] Überraschender Weise kennt die Verhaltensforschung viele Fälle einer „frei gewählten Unkenntnis".[173] Dazu gehört etwa der bewusste Verzicht, sich auf eine Disposition zu einer bestimmten Erbkrankheit untersuchen zu lassen. Der Verzicht kann wohl erwogen sein, die Untersuchung kann den Betroffenen „gleichgültig"[174] sein oder das Unterlassen kann auf gröbster Leichtfertigkeit beruhen.[175] Entscheidungen auf einer solchen Basis müssen nicht per se negativ sein.

---

171 Der Zirkelschluss geht ungefähr so: Das voluntative Vorsatzelement ist vorhanden, weil es sich um „willentliche" Blindheit handelt.
172 Stellvertretend *Hertwig/Engel*, Homo Ignorans: Deliberately choosing not to know, Perspectives on Psychological Science, 11 (3) 2016, 359 mit umfangreichen Referenzen 368 ff.
173 *Hartwig/Engel* Homo Ignorans: Deliberately choosing not to know, Perspectives on Psychological Science, 11 (3) 2016, 359 (360).
174 Dazu im wirtschaftsstrafrechtlichen Kontext *Rönnau/Becker*, NStZ 2016, 569 (571) mit dem Hinweis, ein „gezieltes" Vermeiden von Vorsatz sei ausgeschlossen, weil „zielgerichtetes" Handeln voraussetze, dass sich die Person die Verwirklichung des tatbestandlichen Unrechts als möglich vorstellt und sich damit abfindet.
175 *Rönnau/Becker*, NStZ 2016, 569 (571).

Kapitel 5: Die „unterbliebene" und die „vermiedene" Entscheidung

Wir alle kennen den „Schleier des Nichtwissens" bei *John Rawls* als Basis seiner Gerechtigkeitstheorie.[176] Andere positive Eigenschaften, die die Verhaltensforschung der bewusst gewählten Unkenntnis zuschreibt, sind etwa die Regulierung von Emotionen oder das Steigern von Überraschungsfaktoren.[177] Häufig führt Unwissenheit zu wichtigen Leistungssteigerungen.[178]

Dennoch, meine ich, sollte eine „frei gewählte Unkenntnis" im Strafrecht regelmäßig sanktioniert werden: Eine exakte Strafrechtsdogmatik wird an dieser Stelle zwar einen „echten Vorsatz" im Sinne einer Entscheidung nur bei der Entscheidung für die Unkenntnis feststellen können, bei einem späteren Unterlassen wird eine echte „Entscheidung" im psychologischen Sinne jedoch nicht mehr feststellbar sein. Da sich der Normadressat aber bewusst in die Situation der Ohnmacht begeben hat bzw. die Steuerung des Geschehens bewusst aus der Hand gegeben hat, liegt im Grunde auch hier die Situation eines strafbaren dolus liberus in causa vor.[179]

---

176 Auch dazu aus risikopsychologischer Perspektive *Hartwig/Engel*, aaO, 359 (363).
177 *Hartwig/Engel*, aaO, 359 (361).
178 *Hartwig/Engel*, aaO, 359 (361).
179 Dazu und zu ihrer Behandlung bereits oben Kap. 2 IV. 2.

# Kapitel 6: Compliance und andere Anstöße (nudges) zur richtigen Entscheidung

I. Compliance: Wunderwerkzeug oder fauler Zauber?

Unter dem Begriff der Compliance wird im Kontext des Wirtschaftsstrafrechts die Gesamtheit der technischen, organisatorischen und personellen Maßnahmen in einem Unternehmen zusammengefasst, die in ihrem Zusammenwirken rechtstreues Verhalten in dem entsprechenden Unternehmen fördern und unterstützen sollen.

Compliance hat sich inzwischen vom „Modethema" zum „festen Bestandteil der juristischen Auseinandersetzung" entwickelt.[180] Bei der Diskussion um Vorsatz und Entscheidungen im Wirtschaftsstrafrecht soll an dieser Stelle gleichwohl zunächst der Frage nachgegangen werden, ob und inwieweit Compliance im Unternehmen als bloßes sog. window dressing bzw. als reine Augenwischerei betrieben werden kann. Konkret gemeint ist damit der Vorwurf, Unternehmen würden Compliancemaßnahmen lediglich formal als „Feigenblatt" einrichten und informal

---

180 So etwa die Bemerkung im Vorwort des Lehrbuchs von *Veit*, Compliance und interne Ermittlungen, 2. Aufl. 2022, S. V.

Kapitel 6: Compliance und andere Anstöße (nudges)

durch ein „Augenzwinkern" der Geschäftsführung wieder außer Kraft setzen bzw. unterlaufen.[181]

Die Sorge, ein Compliancesystem in einem Unternehmen könne dauerhaft als Feigenblatt eingerichtet und betrieben werden und sei daher ein fauler Zauber, ist unbegründet. Das Zusammenwirken von formalen und informalen Strukturen in einem Unternehmen und bei der Entscheidungsfindung in einem Unternehmen soll nicht bestritten werden. Ebenso ist es möglich, dass formale Strukturen durch informale Strukturen obstruiert werden. Die Medaille hat aber auch hier zwei Seiten. Das hat zur Folge, dass die informale Struktur in einem Unternehmen ihrerseits nicht dauerhaft unberührt von der formalen Struktur bleiben kann. Gerade in Krisensituationen bewirkt ein Compliancesystem die Ausdifferenzierung von individueller Verantwortlichkeit.

<u>Beispiel (Sachverhaltsdarstellung bei BGHSt 52, 323 Rn. 19 – Fall Siemens):</u> Der Angeklagte K stimmte weiteren Schmiergeldzahlungen (...) zu, wies aber seien Mitarbeiter darauf hin, im Falle einer Aufdeckung müsse jeder für sich kämpfen, die Siemens AG könne sie dann nicht decken.

Das Beispiel könnte das laienhafte Bewusstsein über die Dominanz formaler und am Recht orientierter Organisationsstrukturen in Krisenfällen nicht besser belegen. Bestärkt wird dies durch klare gesetzgeberische Maßnahmen

---

181 *Veit*, Compliance und interne Ermittlungen, 2. Aufl. 2022, Rn. 178 f.

wie etwa die Forderung einer Selbstreinigung des Unternehmens nach im weitesten Sinn strafrechtlich relevanten Vorfällen in § 125 GWB. Das bedeutet freilich nicht, dass Compliancesysteme umgekehrt als Wunderwerkzeug einzustufen wären.

II. Die Wirkweise von Complianceystemen bei der Entscheidungsfindung und -umsetzung in Unternehmen

Compliancesysteme sind ein Mittel zur Verhaltenssteuerung im Unternehmen. Ihre Wirkung ist umso stärker, je klarer die Systeme eingerichtet und durchgesetzt werden. Die Verhaltensökonomik liefert insoweit Erkenntnisse, die im Wesentlichen auf einer Linie mit Erkenntnissen der (Wirtschafts)kriminologie liegen.

1. Compliancesysteme unter dem Blickwinkel der Verhaltensökonomik

Thaler und *Sunstein* haben einen elementaren Leitfaden für die Anwendung der Verhaltensökonomik im Bereich der Politik verfasst.[182] Unter dem Begriff „Nudge" (Anstoß) bezeichnen sie Maßnahmen, die Personen die

---

[182] *Thaler/Sunstein*, Nudge, 2008; zur entsprechenden Einschätzung des Buches von *Thaler* und *Sunstein* auch *Kahnemann*, Schnelles Denken, langsames Denken, 1. Aufl. 2017, S. 458; aus dem deutschen verwaltungsrechtlichen Schrifttum *Wolff*, RW 2015, 194.

Kapitel 6: Compliance und andere Anstöße (nudges)

Wahl einer guten Entscheidung erleichtern sollen. Zu solchen Maßnahmen gehört schon per definitionem (siehe oben I.) eine gute Unternehmenscompliance. Auch Compliance kann damit als nudge eingeordnet werden. Dies gilt für das Compliancemanagementsystem an sich ebenso wie für präventionsorientierte Einzelmaßnahmen.

> Beispiel: Feste Berichtslinien, Amnestien oder Whistle-Blowing-Hotlines begünstigen je für sich rechtstreues Verhalten im Unternehmen. Mit festen Berichtslinien und Whistle-Blowing wird die Aufdeckung und Anzeige von auffälligem Verhalten institutionalisiert.

Im Unterschied zu der dem Geschehen nachfolgenden Anzeige einer Straftat wird das gut[183] beratene Unternehmen seine Compliance so ausgestalten, dass Reaktionen bereits deutlich vor der Schwelle zur Straftat ausgelöst werden. Damit kann das Unternehmen Sachverhalte früh aufgreifen und neben einer strafrechtlichen Haftung im Idealfall auch eine dem Strafrecht vorgelagerte zivilrechtliche Haftung vermeiden.

> Beispiel: Das Compliancemanagementsystem eines großen Architekturbüros fordert Mitarbeiter bereits zur Anzeige von einzelnen Korruptionsindikatoren auf. In der Folge schlägt das System Alarm, als ein Mitarbeiter bei der Bauabnahme ungewöhnlich hohe Mängeltole-

---

183 Oft versuchen Berater noch recht eng genau die Grenze zwischen strafbarem und nicht strafbarem Verhalten nachzuzeichnen und versäumen es, Compliance entsprechend der Unternehmensethik im Einzelfall aufzustellen.

II. Die Wirkweise von Compliancesystemen in Unternehmen

ranzen gegenüber dem von ihm zu überwachenden Unternehmen ausübt. Für das Architekturbüro ist nicht entscheidend, „warum" der Architekt die Mängel des Bauunternehmens durchwinkt. Für das Büro ist entscheidend, dass frühzeitig eingeschritten und eine zivilrechtliche Haftung gegenüber dem Auftraggeber vermieden wird.

Das Beispiel veranschaulicht, wie Unternehmen Compliance dazu nutzen können, das Verhalten der Mitarbeiter zu steuern. Dabei greift es zu kurz, Compliance als rein strafrechtliches Steuerungsinstrument zu verstehen und z.B. im Rahmen von Schulungen „strafrechtliche Tatbestände" und „Definitionen" zu lehren. Wird Compliance in einem weiter gefassten Sinn verstanden, verfestigt Compliance die konkrete Unternehmensethik. Damit wird zugleich ein Rahmen für Entscheidungen vorgegeben, der dem ethischen Minimum des Strafrechts vorgelagert ist. Die Tendenz der höchstrichterlichen Rechtsprechung, Bemühungen um eine funktionierende Compliance in einem Unternehmen honorieren zu wollen,[184] ist daher normativ richtig.

Unternehmenscompliance reiht sich aus dieser Perspektive ein in andere Maßnahmen zur Reduktion von Kriminalität und Tatgelegenheiten jenseits des Wirtschaftsstrafrechts.

<u>Beispiel:</u> Die Nudges zur Vermeidung von Kriminalität sind z.B. Anzeigepflichten bei der Geldwäsche, die An-

---

184 BGH Urt. v. 9.5.2017 – 1 StR 265/16.

Kapitel 6: Compliance und andere Anstöße (nudges)

kündigung von Kontrollen (CCTV im ÖPNV oder auf öffentlichen Plätzen), von außen sichtbare Alarmanlagen an Gebäuden oder die „Warnung vor dem Hund" als Abschreckung gegen Einbrecher.

Die Einrichtung der Alarmanlage im Wohngebäude wirkt freilich häufig in zwei Richtungen: Neben der Abschreckung gegenüber dem potentiellen Einbrecher sensibilisiert sie die Bewohner gegebenenfalls zu weiteren Sicherungsmaßnahmen, wie z.B. dem Schließen des Fensters bei Verlassen des Hauses. Auch an dieser Stelle wird daher eine positive Entscheidung motiviert.

2. Compliancesysteme und Unternehmenskultur

Die strafrechtspräventive Wirkung von Compliance bestätigt die allgemeine Kriminologie.[185] Kriminologisch ist Compliance eine Maßnahme primärer Prävention, mit der Normen stabilisiert und Normtreue im Unternehmen sichergestellt werden sollen. Auf informale Strukturen, die das Potential für strafbares Verhalten bieten, wird frühzeitig eingewirkt und Opferstrukturen im Unternehmen werden abgebaut. Compliance kann den spezifischen Umweltbedingungen von Wirtschaftsstraftaten entgegenwirken. Anonymität, Technisierung und Formali-

---

185 Nach zutreffender überwiegender Ansicht (z.B. *Sutherland, Gottfredson / Hirschi, Tittle*) können die klassischen Erklärungsansätze zur allgemeinen Kriminalität auch zur Erklärung von Wirtschaftskriminalität herangezogen werden.

sierung, Automatisierung und stereotype Abläufe fördern missbräuchliche Verhaltensweisen. Angemessene Compliancemaßnahmen nehmen diese Faktoren auf, setzen gegenläufige Impulse (nudges) und verringern systematisch entsprechende Tatgelegenheiten.

3. Die Wirkung von Compliancesystemen bei Einzelentscheidungen

Bei Einzelentscheidungen kann Compliance im Sinne einer guten Heuristik eine erste Leitlinie für richtiges Entscheidungsverhalten bieten. Bei schwierigen Fragen über die rechtliche Zulässigkeit eines Handelns, bietet das Compliancesystem den Weg der Nachfrage beim Compliance-Officer.

Beispiel: In einen Chemieunternehmen wird ein Abteilungsleiter von einem an sich konkurrierenden Unternehmen zur Abgabe eines Angebots aufgefordert. Der angesprochene Abteilungsleiter erinnert sich an Compliancevorgaben zur Vermeidung von Verstößen gegen das Wettbewerbsrecht. In der Folge lässt er prüfen, ob mit der Abgabe des Angebots die Preisgabe sensibler Daten verbunden ist, die später von den Wettbewerbsbehörden als Teil einer abgestimmten Verhaltensweise eingeordnet werden könnte. Eine weitere Prüfung lässt er – zutreffend – vornehmen, als ihn der Branchenverband einlädt, zusammen mit anderen Unternehmen an einem gemeinsamen Umweltprojekt teilzunehmen

Kapitel 6: Compliance und andere Anstöße (nudges)

Compliance entlastet dann die Entscheider hinsichtlich etwaiger Zweifel über die Zulässigkeit ihres Verhaltens. Interessenskonflikte – im Beispiel: eine mögliche Gewinnerwartung einerseits gegen einen Rechtsverstoß andererseits – können strukturell aufgelöst werden.

4. Compliance als Gegenstand neuerer Gesetzgebung

Der Gesetzgeber fordert entsprechende unternehmensorganisatorische Maßnahmen zunehmend proaktiv ein. In neueren Gesetzen wie z.B. Lieferkettensorgfaltspflichtengesetz; im Geldwäschegesetz oder im Kreditwesengesetz werden verpflichtend Entscheidungsroutinen formuliert und Wahrnehmungsprozesse gesteuert.

Dem in Kapitel 1 vorgestellten System 2 wird damit eine maßgebliche Rolle bei der endgültigen Entscheidungsfindung zugeschrieben. Dokumentationspflichten sorgen dafür, dass der auf diese Weise eingeforderte Entscheidungsprozess nach außen transparent und nachvollziehbar gemacht wird.

Kapitel 7: Resumee

Zur subjektiven Tatseite und ihren Erscheinungsformen sind im Lauf der Jahrhunderte ganze Bibliotheken geschrieben worden. Und trotzdem: Im Zuge der vorstehenden Ausarbeitungen hat sich mehr und mehr der Eindruck aufgedrängt, als stehe die Diskussion um den Vorsatz in vielen Bereichen erst am Anfang.

Wie kann das sein?

Ein Grund ist sicher der konkrete Fokus der Überlegungen auf wirtschaftsstrafrechtliche Sachverhalte und entsprechende Individualhandlungen. Ein weiterer Grund mag darin liegen, dass die vorliegende Arbeit Strukturen und Differenzierungen zum objektiven Tatbestand aufgegriffen hat, die in der Rechtswissenschaft in der konkreten Ziselierung erst in den 1980er Jahren unter dem Großbegriff der „objektiven Zurechnung" entwickelt wurden. Wenn sich in der subjektiven Tatseite tatsächlich die objektive Tatseite spiegeln soll, dann müssten sich Strukturen der objektiven Zurechnung in ähnlicher Weise in der subjektiven Zurechnung spiegeln. Die Defizite, die einer objektiven Zurechnung entgegenstehen, sind bei genauer Hinsicht auch auf der subjektiven Tatseite zu finden.

Der Fokus auf wirtschaftsstrafrechtliche Sachverhalte war schon deshalb hilfreich, weil hier – wie in Kapitel 1 gezeigt – häufig komplexe Entscheidungssituationen zu

Kapitel 7: Resumee

bewerten sind.[186] Das mag paradox klingen, aber die komplexe Situation hat sicher geholfen, die eine oder andere Sachfrage genauer herauszuarbeiten. Die Parallelen zwischen objektiver und subjektiver Zurechnung waren daher auch nicht Ausgangspunkt der Überlegungen. Ausgangspunkt der Überlegungen waren die inzwischen populärwissenschaftlich aufbereiteten Erkenntnisse der Verhaltenspsychologie zu Verhaltensirrationalitäten bei ökonomischen Wahlhandlungen.[187]

Kapitel 2 ging einigen grundlegenden Prämissen der Vorsatzdogmatik nach. Der Kern des Vorsatzes wurde dabei als die Entscheidung gegen das rechtlich geschützte Interesse bestimmt. Die Frage um diesen Kern des Vorsatzes, wurde in der Literatur und Rechtsprechung lange durch die Frage nach der Abgrenzung zur Fahrlässigkeit in den Hintergrund gerückt. Hier wurde versucht, das Wesen der Entscheidung durch einen Rückgriff auf die Kognitionspsychologie näher zu bestimmen. Auch die zeitliche Dimension des Vorsatzerfordernisses wurde nochmals beleuchtet. Dabei hat sich gezeigt, dass das Koinzidenzprinzip insbesondere gegenüber einem nachgelagerten Vorsatz „schützt". Ein dolus liberus in causa steht einer subjektiven Zurechnung dagegen im Ansatz nicht entgegen.

Kapitel 3 hat sich mit „Entscheidungen für das tatbestandlich geschützte Interesse" beschäftigt. Auf der objektiven Tatseite könnte man die Überlegungen mit dem Ausschluss der Zurechnung unter Aspekten der „Risiko-

---

186 Siehe oben Kap I. 3.
187 Dazu näher im Vorwort.

verringerung" gleichsetzen. Die Kategorie scheint freilich auf der subjektiven Tatseite eine herausgehobene Bedeutung zu haben, sodass ihr ein eigenes Kapitel gewidmet wurde. Im Hinblick auf die Diskussion um das Steuerungspotential des Strafrechts wurde deutlich, dass an dieser Stelle massiv Einfluss genommen wird und genommen werden kann. Tatsächlich hat der Gesetzgeber an verschiedensten Stellen im Recht Entscheidungsalgorithmen normiert und die „freie" Wahlentscheidung abgeschafft. An anderer Stelle wurde das Recht in erheblichem Maß prozeduralisiert.

Kapitel 4 beschäftigt sich mit Beweisanzeichen für/gegen die Feststellung von „vorsätzlichem" Handeln. Die Unterscheidung zwischen Beweisanzeichen für Vorsatz in Bezug auf die Risikoschaffung einerseits und solchen in Bezug auf die Risikorealisierung andererseits greift bewusst Strukturen auf, die in der Dogmatik zur objektiven Zurechnung inzwischen in jedem Lehrbuch zu finden sind. Tatsächlich sind die Beweisanzeichen weitaus vielfältiger als dargestellt. Die verschieden gewählten Beispiele sollen nur zeigen, dass Kapitel 4 in Bezug auf jeden einzelnen Tatbestand konkretisiert und ausgearbeitet werden müsste. Das gilt auch und erst recht für subjektive Elemente von wichtigen Figuren aus der allgemeinen Straftatlehre, also z.B. dem Vorsatz einer mittäterschaftlichen Begehung. Auch insoweit sind die vorstehenden Ausführungen lückenhaft. Gefordert sind hier die Kommentatoren der einzelnen Strafvorschriften.

Als vorläufiger Abschluss zu den Überlegungen zum Vorsatz im engeren Sinn widmet sich Kapitel 5 „unterblie-

Kapitel 7: Resumee

benen" und „vermiedenen" Entscheidungen. Die häufig diskutierte „willful blindness" ist hiervon nur ein Unterfall, der jedenfalls von seiner Behandlung im Ergebnis her einfach ist.

Die Überlegungen enden in Kapitel 6 mit Ausführungen zum Thema „Compliance". Compliance ist tatsächlich Einiges zuzutrauen. Natürlich kann die beste Compliance Straftaten in und aus einem Unternehmen nicht vollständig verhindern. Compliance kann „das Unternehmen" und die in dem Unternehmen handelnden Personen aber zu besserem Verhalten anstoßen. Das lässt sich aus allgemeinen kriminologischen Theorien schließen und wird auch von der allgemeinen Verhaltenspsychologie bestätigt.

Welche Konsequenzen sollten wir aus all dem ziehen?

In einer meiner vielen Diskussionen zu diesem Thema hat *Ferdinand Gillmeister* aus seiner Sicht als erfahrener Strafverteidiger den „dolus eventualis" als die „Hure des subjektiven Tatbestandes" bezeichnet.

Er hat damit Folgendes gemeint: Eröffnet nur die Vorsatztat, wie z.B. im Steuerstrafrecht, den Zugriff auf längere Veranlagungszeiträume, wird die Kategorie des dolus eventualis in unerträglicher Weise missbraucht. Wo Fahrlässigkeitstatbestände das Strafbedürfnis auffangen, interessiert sie dagegen kaum. Auf der anderen Seite wird die Kategorie des Vorsatzes insbesondere bei Irrtumsfragen derzeit noch nicht in dem Umfang seiner Aussonderungsfunktion gerecht, wie es eigentlich möglich und nötig wäre.

Kapitel 7: Resumee

Der Eindruck, der sich mir im Rahmen der vorstehenden Untersuchung aufgedrängt hat, war der eines deutlich unvollkommenen Zurechnungsmusters. Das Wirtschaftsstrafrecht hat sich seit der Jahrtausendwende in einer Weise entwickelt, dass verschiedene strafrechtliche Grundkategorien in ihrer Anwendung und Ausrichtung auf den konkreten Fall nicht richtig Schritt gehalten haben.[188] Sinn der vorstehenden Überlegungen ist es, die subjektive Zurechnung für das Wirtschaftsstrafrecht weiter zu entwickeln und zu schärfen.

---

188 Hierzu *Mansdörfer*, Zur Theorie des Wirtschaftsstrafrechts, 2011, Teil 2.

Literaturverzeichnis

Aristoteles: Nikomachische Ethik ca. 335–322 v.Chr. Zitiert: Aristoteles, NE, Buch, Kapitel, Seite, Spalte.

Bittmann, Folker: Wie entscheide ich richtig? – Funktion, Entstehen und Feststellung des bedingten Vorsatzes aus Sicht des Wirtschaftsstrafrechts und Risikopsychologie, WiJ 2017, S. 76–78. Zitiert: Bittmann WiJ 2017.

Bosch, Nikolaus/Lange, Knut Werner: Unternehmerischer Handlungsspielraum des Vorstandes zwischen zivilrechtlicher Verantwortung und strafrechtlicher Sanktion, JZ 2009, S. 225–237. Zitiert: Bosch/Lange, JZ 2009.

Dhami, Mandeep/ Ayton, Peter: Bailing and jailing the fast and frugal way, Journal of Behavioral Decision Making, Volume 14 Issue 2 2001, S. 141–168. Zitiert: Dhami/Ayton, Journal of Behavioral Decision Making, 14 (2) 2001.

Eicker, Andreas: Die Proceduralisierung des Strafrechts – zur Entstehung, Bedeutung und Zukunft eines Paradigmenwechsels, Bern 2010. Zitiert: Eicker, Die Proceduralisierung des Strafrechts, 2010, S.

Eidam, Lutz: Auswirkung und Stellenwert strafrechtlicher Expertengutachten auf die Anwendbarkeit von § 17 StGB in wirtschaftsstrafrechtlichen Fallkonstellationen, ZStW 127 (2015), S. 120–142. Zitiert: Eidam, ZStW 127 (2015).

Esser, Robert/Rübenstahl, Markus/Saliger, Frank/Tsambikakis, Michael (Hrsg.): Wirtschaftsstrafrecht: mit Steuerstrafrecht und Verfahrensrecht: Kommentar, 1. Auflage, Köln 2017. Zitiert: Bearbeiter, in Esser/Rübenstahl/Saliger/Tsambikis, 1. Aufl. 2017, § Gesetz Rn.

Literaturverzeichnis

Erb, Volker/Schäfer, Jürgen (Hrsg.): Münchener Kommentar zum Strafgesetzbuch, Band 1, 4. Auflage, München 2020. Zitiert: Bearbeiter, in: MüKoStGB, 4. Aufl. 2020, § Rn.

Fischer, Reinfrid/Schulte-Mattler, Herrmann (Hrsg.): Kommentar zum Kreditwesengesetz, 6. Auflage, München 2023. Zitiert: Fischer/Schulte-Mattler, KWG, 6. Aufl. 2023, § Rn.

Fischer, Thomas: Kommentar zum Strafgesetzbuch, 70. Auflage, München 2023. Zitiert: Fischer, StGB, 70. Aufl. 2023, § Rn.

Frisch, Wolfgang: Vorsatz und Risiko – Grundfragen des tatbestandsmäßigen Verhaltens und des Vorsatzes; zugleich ein Beitrag zur Behandlung außertatbestandlicher Möglichkeitsvorstellungen, Köln 1983. Zitiert: Frisch, Vorsatz und Risiko, 1983, S.

Gaede, Karsten: Der unvermeidbare Verbotsirrtum des anwaltlich beratenen Bürgers – eine Chimäre?, HRRS 2013. Zitiert: Gaede, HRRS 2013

Gigerenzer, Gerd: Risiko – wie man die richtigen Entscheidungen trifft, 2. Auflage, München 2014. Zitiert: Gigerenzer, Risiko, 1. Aufl. 2020, S.

Gigerenzer, Gerd/Engel, Christoph: Heuristics and the law, Cambridge, Mass. 2006. Zitiert: Bearbeiter in: Gigerenzer/Engel, Heuristics and the law, 2006, S.

Gläser, Pascal: Zurechnung bei Thomas von Aquin – eine historisch-systematische Untersuchung mit Bezug auf das aktuelle deutsche Strafrecht, Freiburg 2005. Zitiert: Gläser, Zurechnung bei Thomas von Aquin, 2005, S.

Hertwig, Ralph/Engel, Christoph: Homo Ignorans: Deliberately Choosing Not to Know, Perspectives on Psychological Science, Volume 11 Issue 3 2016, S. 359–372. Zitiert: Hertwig/Engel, Homo Ignorans: Deliberately choosing not to know, Perspectives on Psychological Science, 11 (3) 2016.

Jakobs, Günther: Altes und Neues zum strafrechtlichen Vorsatzbegriff, RW 2010, S. 283–315. Zitiert: Jakobs, RW 2010.

Kahnemann, Daniel: Schnelles Denken, langsames Denken, 1. Auflage, München 2017. Zitiert: Kahnemann, Schnelles Denken, langsames Denken, 1. Aufl. 2017, S.

Kindhäuser, Urs/Neumann, Ulfrid/Paeffgen, Hans-Ullrich/Saliger, Frank (Hrsg.): Nomos-Kommentar zum Strafgesetzbuch, 6. Auflage, Baden-Baden 2023. Zitiert: Bearbeiter, in: NK-StGB, 6. Aufl. 2023, § Rn.

Koriath, Heinz: Grundlagen strafrechtlicher Zurechnung, Berlin 1994. Zitiert: Koriath, Grundlagen strafrechtlicher Zurechnung, 1994, S.

Koriath, Heinz: Überlegungen zu einigen Grundsätzen der strafrechtlichen Irrtumslehre, Jura 1996, S. 113–121. Zitiert: Koriath, Jura 1996.

Kubiciel, Michael/ Hoven, Elisa: Die Strafbarkeit illegaler Straßenrennen mit Todesfolge, NStZ 2017, S. 439–445. Zitiert: Kubiciel/Hoven, NStZ 2017.

Kudlich, Hans/Wittig, Petra: Strafrechtliche Enthaftung durch juristische Präventionsberatung?, Teil 1: Allgemeine Irrtumslehren, ZWH 2013, S. 253–260. Zitiert: Kudlich/Wittig, ZWH 2013.

Mansdörfer Marco: Zur Theorie des Wirtschaftsstrafrechts, Heidelberg 2011. Zitiert: Mansdörfer, Zur Theorie des Wirtschaftsstrafrechts, 2011, Rn.

Mansdörfer, Marco/Kleemann, Sebastian/Ziegler, Matthias: Subventionskriminalität in Deutschland – eine empirisch-kriminologische Untersuchung, Heidelberg 2016. Zitiert: Mansdörfer/Kleemann/Ziegler, Subventionskriminalität in Deutschland, 2016, S.

Maurer, Ruth: Das voluntative Element des Vorsatzes als Beweisthema vor Gericht, Saarbrücken 2007. Zitiert: Maurer, Das voluntative Element des Vorsatzes als Beweisthema vor Gericht, 2007, S.

Meyer-Goßner, Lutz/Schmitt, Bertram: Kommentar zur Strafprozessordnung, 66. Auflage, München 2023. Zitiert: Bearbeiter, in: Meyer-Goßner/Schmitt, StPO, 66. Aufl. 2023, § Rn.

Literaturverzeichnis

Momsen, Carsten: Voluntatives Vorsatzelement und psychologisches Schuldmoment – Die Diskussion um die sog. „Raser-Fälle" als Ausdruck einer sich wandelnden Strafkultur?, KriPoZ 2018, S. 76–100. Zitiert: Momsen, KriPoZ 2018.

Puppe, Ingeborg: Bemerkungen zum Verbotsirrtum und seiner Vermeidbarkeit, in: Festschrift für Hans-Joachim Rudolphi zum 70. Geburtstag, S. 231–242, Neuwied 2004, Zitiert: Puppe, in: FS-Rudolphi.

Puppe, Ingeborg: Durchgreifende Erörterungsmängel als Revisionsgrund, ZIS 2015, S. 320–322. Zitiert: Puppe, ZIS 2015.

Puppe, Ingeborg: Neue Entwicklungen in der Rechtsprechung des BGH zum Tötungsvorsatz bei lebensbedrohlicher Gewalt, NStZ 2016, S. 575–578. Zitiert: Puppe NStZ 2016.

Rönnau, Thomas/Becker, Christian: Vorsatzvermeidung durch Unternehmensleiter bei betriebsbezogenen Straftaten, NStZ 2016, S. 569–575. Zitiert: Rönnau/Becker NStZ 2016.

Roxin, Claus: Strafrechtliche Grundlagenprobleme, Berlin 1973. Zitiert: Roxin, Strafrechtliche Grundlagenprobleme, 1973, S.

Roxin, Claus/Greco, Luís: Strafrecht Allgemeiner Teil, Band I, 5. Auflage, München 2020. Zitiert: Roxin/Greco, Strafrecht AT I, 5. Aufl. 2020, § Rn.

Schäfer, Gerhard/ Sander, Günther/ van Gemmeren, Gerhard: Praxis der Strafzumessung, 6. Auflage, München 2017. Zitiert: Schäfer/Sander/van Gemmeren, Praxis der Strafzumessung, 6. Aufl. 2017, Teil.

Schmidhäuser, Eberhard: Die actio libera in causa – ein symptomatisches Problem der deutschen Strafrechtswissenschaft, Hamburg 1992. Zitiert: Schmidhäuser, Die actio libera in causa ein symptomatisches Problem der deutschen Strafrechtswissenschaft, 1992.

Schroth, Ulrich: Vorsatz und Irrtum, München 1998. Zitiert: Schroth, Vorsatz und Irrtum, 1994,S.

Staub, Herrmann (Begr.): Handelsgesetzbuch, Band 7/2, 5. Auflage, Berlin 2012. Zitiert: Bearbeiter, in: Staub HGB, 5. Aufl. 2012, § Rn.

Literaturverzeichnis

Streng, Franz: Strafrechtliche Sanktionen, Die Strafzumessung und ihre Grundlagen, 3. Auflage, Stuttgart 2012. Zitiert: Streng, Strafrechtliche Sanktionen, Die Strafzumessung und ihre Grundlagen, 3. Aufl. 2012, Rn.

Sydow, Dorothee: Die actio libera in causa nach dem Rechtssprechungswandel des Bundesgerichtshofs, Frankfurt/M. 2002. Zitiert: Sydow, Die actio libera in causa nach dem Rechtssprechungswandel des Bundesgerichtshofs, 2002.

Thaler, Richard/ Sunstein, Cass: Nudge, Improving Decisions About Health, Wealth, and Happiness, New Haven, 2008 (deutscher Titel: Nudge, Wie man kluge Entscheidungen anstößt). Zitiert: Thaler/Sunstein, Nudge, 2008, S.

Thomas von Aquin, summa theologiae, ca. 1265–1273. Zitiert: Thomas von Aquin, ST, Teil.

Tiedemann, Klaus: Wirtschaftsstrafrecht, 5. Auflage, München 2017. Zitiert: Tiedemann, Wirtschaftsstrafrecht, 5. Aufl. 2017, Rn.

Veit, Vivien: Compliance und interne Ermittlungen, 2. Auflage, Heidelberg 2022. Zitiert: Veit, Compliance und interne Ermittlungen, 2. Aufl. 2022, Rn.

Vogel, Joachim: Wertpapierhandelsstrafrecht – Vorschein eines neuen Strafrechtsmodells?, in: Festschrift für Günther Jakobs, S. 731–736, Köln 2007. Zitiert: Vogel, in: FS-Jakobs, S.

Wessels, Johannes/Beulke, Werner/Satzger, Helmut: Strafrecht Allgemeiner Teil – die Straftat und ihr Aufbau, 52. Auflage, Heidelberg 2022. Zitiert: Wessels/Beulke/Satzger, Strafrecht Allgemeiner Teil, 52. Aufl. 2022, Rn.

Wohlers, Wolfgang: Insiderhandel und Kursmanipulation – Prüfstein der Frage, wie weit sich Strafrechtsnormen an den Realitäten des Marktes zu orientieren haben, ZStW 125 (2014), S. 443–480. Zitiert: Wohlers, ZStW 125 (2014).

Literaturverzeichnis

Wohlers, Wolfgang: Marco Mansdörfer, Zur Theorie des Wirtschaftsstrafrechts. Zugleich eine Untersuchung zu funktionalen Steuerungs- und Verantwortlichkeitsstrukturen bei ökonomischem Handeln. Heidelberg 2011, GA 2012, S. 330–333. Zitiert: Wohlers, GA 2012.

Wolff, Johanna: Eine Annäherung an das Nudge-Konzept nach Richard H. Thaler und Cass R. Sunstein aus rechtswissenschaftlicher Sicht, RW 2015, S. 194–222. Zitiert: Wolff, RW 2015.

Zielinski, Dieter: Handlungs- und Erfolgsunwert im Unrechtsbegriff – Untersuchungen zur Struktur von Unrechtsbegründung und Unrechtsausschluß, Berlin 1973. Zitiert: Zielinski, Handlungs- und Erfolgsunwert im Unrechtsbegriff, 1973, S.

Register

A

actio libera in causa 36, 41
Affektheuristiken 23
Amnestien 112
Anfangsverdacht 74
Anklage 29
Aristoteles 17
Aufmerksamkeitszuweisung 21
Außensicht 85

B

Bankrottstraftaten 33
Behavioral Economics 8
Berichtslinien 112
Besitztumseffekte 89
Bestechung 62
Betrug 83
Beurteilungsspielraum 48, 51
Bewährungsentscheidungen 56
Beweisanzeichen 80, 92
Beweiszeichen 58, 69
Billigen im Rechtssinne 19
Binding 37
bounded rationality 54

C

Cash-Pooling 90
Common Law 7
Compliance 63, 109
Compliancesysteme 92

D

deliberate ignorance 106

Dieselgate 93
Dokumentation 44
dolus antecedens 36, 37
dolus liberus in causa 36, 37, 107

E

Entdeckungsrisiken 93
Entscheidung 31, 33, 45, 53, 69, 82
Entscheidungsalgorithmus 45
Entscheidungsdilemmata 60
Entscheidungsfindung 58, 59, 61
Entscheidungshorizont 55
Entscheidungsroutinen 58
Entscheidungssituation 43, 53
Entscheidungsszenarien\b 25
Entscheidungstheorie 53
Entscheidungsverfahren 45
Erfahrungswerte 58
Eventualvorsatz 71, 92
Expertengutachten 87
Expertise 88

F

Faustregeln 56
Fehlentscheidung 55

G

Gefährdungsschaden 20
Gefährlichkeit 70
Gefahrverdrängungsprozesse 38
Gesamtschau 70
Gesamtumstände 78
Gesamtverantwortung 100
Geschäftsentscheidungen 51

Register

Gewohnheiten 56
Gigerenzer, Gerd 56
Gruppenentscheidungen 95
Gutachten 63

H

Handlungsmacht 23
Handlungsmotive 72
Handlungssteuerung 39
Herdenverhalten 59
Heuristik 40, 115
Heuristiken 94
hindsight bias 33
homo oeconomicus 9

I

in dubio pro libertate 103
Informationspflichten 44
Informationsverteilung 59
Innensicht 85
Insolvenzeröffnung 34
Intuition 22, 95
Investitionsentscheidungen 90
Irrtum 65, 68

K

Kahnemann 22
Kapitalanlagebetrug 83
Kapitalmarkt 8
Kausalverlauf 70
Kognitionspsychologie 21
Koinzidenz 32
Koinzidenzerfordernis 24
Koinzidenzprinzip 36, 43
Kontrollillusionen 97
Kontrollprogramm 46
Korruption 91
Kreditvergabe 20
Krisensituation 87

L

Lederriemen-Fall 19
Lüge 27

M

Marktmanipulation 75
Marktpreis 90
Masseneffekte 58
Maßnahmerecht 40
middle case Szenario 76
Mitbewusstsein 22
Mittäterschaft 83
Möglichkeitstheorie 18

N

Nachtatverhalten 72
neminem laedere 96
Nudge 111
Null-Toleranz 92

P

Persönlichkeitsstruktur 39, 41, 99
Pflichtwidrigkeitszusammen-
  hang 101
Planung 82
Planungsfehlschlüsse 84
Planungsszenarien 82
Prävention 114
Prognoseentscheidungen 51
Prognosespielraum 44
Prognoseunsicherheit 44
Proceduralisierung 49

Q

Qualitätsmanagement 97

R

Reaktionspotentiale 26
Realisierungschancen 84

Register

Rechtserforschungspflicht 101
Rechtsgefühl 40
Rechtsirrtum 67
Rechtsrat 63
Risiko 97
Risikoanalyse 51
Risikobewusstsein 99
Risikogewöhnung 96
Risikopsychologie 56, 57
Risikosteuerung 91
Risikostrategie 90
Rückschaufehler 33, 34, 77

S

Schädigungsvorsatz 62
Schleier des Nichtwissens 107
Schuld 37
Schuldtheorie 67
Schwarm 62
Selbstreinigung 111
Sexualstrafrecht 40
Simon, Herbert 54
Strafzumessung 57
Subventionskriminalität 9
Sunstein 111
System 1 22
System 2 23

T

Tathorizont 29
Tatnachweis 9
Tatstrafrecht 40
Thaler 111
Thomas von Aquin 18
Transparenz 92

U

Übernahmeverschulden 37

Ulpian 96
Umweltstrafrecht 49
Unternehmensbeerdigung 79
Unternehmensberater 63
Unternehmensklima 76
Unternehmenskultur 27, 93
Untreue 20, 55, 62, 80, 83

V

Verhaltensforschung 106
Verhaltensökonomik 8
Verhaltenspsychologie 35, 73
Verlustaversion 23
Verlustaversionen 89, 90
Vermögensabschöpfung 62
Vermögensgefährdung 20
Verzerrungen 84, 86, 98
Vorbilder 56
Vorerfahrung 39
Vorsatz 17
Vorsatzdogmatik 31
Vorsatzkontinuum 36, 37
Vorsatztest 31
Vorsatztheorie 65
Vorsichtsprinzip 96

W

Wahrscheinlichkeitstheorie 18
Wettbewerbsrecht 115
Whistle-Blowing 112
willful blindness 105
window dressing 109

Z

Zeiträume 101
Zurechnungslehre 17
Zweifelssatz 78